DER TON MACHT DIE MUSIK
-BUNTE GESCHICHTEN-

AF222526

GERD EGELHOF

DER TON MACHT DIE MUSIK
-BUNTE GESCHICHTEN-

KURZPROSA

Bibliografische Information der Deutschen Nationalbibliothek
Die Deutsche Nationalbibliothek verzeichnet diese Publikation in der Deutschen Nationalbibliografie; detaillierte bibliografische Daten sind im Internet über http://dnb.d-nb.de abrufbar.

Alle Rechte liegen beim Autor
Copyright 2010 Gerd Egelhof
Illustrator für Buchcover: Klaus Bräunlinger, Schwieberdingen
Satz, Umschlagdesign, Herstellung und Verlag:
Books on Demand GmbH, Norderstedt
ISBN: 978-3-8391-5506-6

Inhalt

WENIGSTENS EINS

Als Mike nach längerer Zeit beim Arzt war, fragte er nach dem Abhören, ob er irgendwelche Laster hätte. Sein »Nein« erteilte den üblichen Verdächtigen, Rauchen, Trinken und Frauen, eine klare Absage.

Mike bemerkte, dass der Arzt, dessen bräunliche Fingerkuppen Rückschlüsse auf lasterhaftes Rauchen zuließen, ihn mit finsterer Miene anschaute. Kein Laster war gleichbedeutend damit, dass er mit ihm, die Routineuntersuchungen ausgenommen, nicht dauerhaft ins Geschäft kommen würde.

»Sehr lobenswert. Lobenswert«, sagte er.

Mike fragte sich, warum er das Adjektiv »lobenswert« zweimal aussprach, bis ihm einfiel, dass er diese Marotte älterer Männer aus Schwarz-Weiß-Filmen der 40er und 50er Jahre kannte.

»Ich glaube, wir kommen doch noch ins Geschäft«, sagte er.

»Ich höre. Höre«, sagte der Arzt.

»Ich habe doch ein Laster«, sagte Mike.

»Und das wäre. Wäre?«

»Ich begegne auf der Straße unheimlich gerne Lastern, die ich aus meiner Kindheit kenne. Dem Arallaster mit seinem blau-weißen Design und dem Aurora-Laster mit dem Sonnenstern drauf.«

»Interessant. Interessant. Können Sie mir erklären, warum ausgerechnet diesen beiden Lastern?«

Mike befürchtete, er würde als Allgemeinarzt seinen Hobbypsychologen herauskehren und ihm im Bezug auf den Arallaster eine unterbewusste Todessehnsucht und beim Auroralaster eine psychosomatische Mehlallergie anhängen.

Stattdessen saß er auf seinem Chefsessel im Behandlungszimmer und wartete geduldig auf eine Antwort.

»Der Arallaster hat ein schönes Design. Es muss für den Fahrer eine Ehre sein, einen solchen Laster fahren zu dürfen. Mit Aurora-Mehl hat meine Mutter an Weihnachten immer leckere Zimtsterne gebacken«, sagte Mike.

»Und wegen des Überkonsums dieses Gebäcks waren Sie ein dickes Kind. Dickes Kind?«, sagte der Arzt lächelnd.

»Nein. Ich war ein schlankes Kind.«

»Ich sehe schon. Sie sind kerngesund und haben keine Laster. Laster.«

Obwohl er das Substantiv »Laster« zweimal ausgesprochen hatte, und keins bei ihm vermutete, war Mike überzeugt davon, eins zu haben. Laster.

Dem »Der Nächste, bitte« des Arztes mischte sich ein ungläubiges Staunen unter.

GUTE POST, SCHLECHTE POST

Briefträger schwirren aus. Jeden Morgen kommen sie aus allen Richtungen, um ihre Kundschaft mit Post zu versorgen. Stets dem Bürger freundlich begegnend, schieben sie ihren Wagen durch die Straßen, biegen mit dem gelben Fahrrad ums Eck. Sie überbringen gute und schlechte Post. Liebesbriefe, Geburtstagskarten, Gewinnbenachrichtigungen, aber auch Rechnungen, Bewerbungsunterlagen und Trauerkarten.

»Haben Sie etwas für mich?«

An sonnigen Tagen drückt einem der Briefträger auf diese Frage hin einen Liebesbrief, eine Geburtstagskarte oder eine Gewinnbenachrichtigung in die Hand, an durchwachsenen Tagen das wenig berauschende Angebot eines Reiseanbieters.

An regnerischen Tagen kommt er mit leeren Händen an und an stürmischen Tagen bringt er Rechnungen, Bewerbungsunterlagen oder eine Trauerkarte mit.

Der Briefträger kann von Glück sagen, dass Überbringer schlechter Botschaften im 21.Jahrhundert an Leib und Seele geschützt sind.

Mit negativen Briefen in den Händen wünscht man sich einen echten Glücksboten, der einem einen Sack voll Geld in die Wohnung schüttet, den man bei Übersteigen der Millionengrenze gegen eine Sofortrente eintauschen könnte.

KÜNSTLICHE INTELLIGENZ

Nicht ohne einen gewissen Stolz in sich zu tragen, liegt der Professor für künstliche Intelligenz auf dem großen Perserteppich seines Wohnzimmers. Neben ihm läuft seine große Errungenschaft, ein bewegliches Robotermännchen, und sucht nach seinem Spielzeug, einem Ball.

»Komm, schön nach dem Ball suchen«, sagt der Professor.

Das fitte Kerlchen kann sogar Höreindrücke verarbeiten. Als es den Ball gefunden hat, stolpert es und fällt auf den Boden. Eigentlich müsste es jetzt »Aua« schreien, aber diese Gefühlsregung bleibt aus. Daran muss der Professor noch ein wenig feilen. Da er jedoch weiß, dass das Robotermännchen viel Schmerz haben muss, wird es getröstet. Der Professor streicht ihm väterlich über die metallige Kopfhaut. Nach dieser Aktion gibt der Professor ein Interview. Er erzählt, dass er immer öfter Anrufe von männlichen Singles bekäme, die danach fragten, wann die erste Roboterfrau auf den Markt käme.

Die häufigste Frage, die auftauchte, sei jene nach deren Belastbarkeit. Ob die Roboterfrau in der Lage sei, den Männern ein Bier aus dem Kühlschrank zu holen, wenn ein Fußballspiel käme, und sie nicht gestört werden wollten, den Hosenschlitz zuzumachen, wenn er es vergessen hat, oder ein paar Haare vom Sakkokragen zu entfernen, falls da welche sind.

Der Professor verkündet, dass sich dieses Projekt bereits in den letzten Zügen befände, und einen großen Fortschritt für die Menschheit bedeute.

Der Interviewer wünscht dem Professor für den Vertrieb dieses Roboters viel Glück und freut sich darauf, dass ihn seine reale Frau weiterhin so verwöhnt wie er es auch für sie macht.

AN TAGEN WIE DIESEN

Das Leben ist gefährlich, und wenn man morgens bereits wüsste, was man abends hinter sich hat, dann würde man nicht aufstehen. Michael steht im Badezimmer, noch im Schlafanzug, und rasiert sich. Der 25-jährige Sachbuchautor hat sich dazu entschlossen, seinen Drei-Tage-Bart abzumachen. Er bringt den Vorgang rasch hinter sich, um möglichst schnell am Computer sein zu können. Der Abgabetermin beim Verlag für das Manuskript seines neuen Buches »Die Fußball-Stars der 80er Jahre« rückt näher, weswegen sich Michael ranhalten muss.

Die Rasur dauert etwas länger als sonst, auch der ausklappbare Langhaarschneider kommt zum Einsatz. Michael schaut in den Spiegel und streicht sich mit der Hand über das Kinn. Er lächelt und findet sich frisch rasiert, mit ein bisschen After Shave Balm auf der Haut, wieder richtig ansehnlich.

Nachdem er die Entriegelungstaste gedrückt und den Klingenblock mit dem Bürstchen gereinigt hat, legt er den Netzrasierer samt Kabel und Bürstchen zurück in die Schachtel. Da auf der Ablage über dem Waschbecken wegen Michaels Eitelkeitsmeile an Pflegeprodukten kein Platz frei ist, legt er sie auf jene oberhalb der Toilette.

Von Boden- und Allzwecktüchern sowie Toilettenpapier umgeben, kommt die Schachtel ins Rutschen und fällt par terre.

Das Kabel findet den direkten Weg in die offene Kloschüssel. Michael fischt es mit einem Stab heraus und wirft es sofort weg. Dem Risikofaktor eines in Wasser getränkten Elektrokabels möchte er sich nicht aussetzen. Michael nimmt den Telefonhörer zur Hand und ruft den Fachhändler an, der Bereitschaft signalisiert, ihm ein neues zu bestellen.

Nach dem leckeren Frühstück, Spiegelei mit Speck und einer Tasse heißen Tees, setzt er sich an den Computer und bemerkt, dass der gesamte Text seines Sachbuchmanuskripts im geöffneten Fenster abhanden gekommen ist. Michael möchte seinen PC-Arzt, einen ausgebildeten Fachinformatiker, um schnellstmögliche Hilfe bitten, da fällt ihm ein, dass dieser sich für zwei Wochen im Urlaub befindet. Er ignoriert das Problem und schreibt an einem anderen, parallel gelegten Projekt mit dem Titel »Die schönsten Balkonpflanzen« weiter. Nach einer Stunde Schreibarbeit, seinem Tagespensum, begibt er sich zur Entspannung auf einen längeren Spaziergang.

Auf dem Weg, der ihn durch eine baumumsäumte Straße, eine Allee, führt, tappt er in ein Häufchen Hundekot, von dem ein Stückchen beim Abwischen geruchsintensiv am linken Strumpf hängenbleibt.

Wieder zu Hause angekommen, schläft er bis zum Abend. Als er aufwacht, richtet er sich sein Abendessen. Mit einem Tablett möchte er sich gemütlich ins Bett legen und die Hörfunkübertragung der Fußball-Bundesliga genießen. Michael schmiert sich drei Brote, eines mit Mettwurst, die anderen beiden mit Frischkäse, dazu gibt es Gurken aus dem Glas, wie immer.

Da das gewöhnliche Messer zum Durchtrennen des

Wurstdarmes nicht ausreicht, nimmt er das große Küchenmesser mit den scharfen Zacken. Statt im Anschnitt der Wurst landet es in der Kuppe des Zeigefingers seiner rechten Hand. Es blutet wie verrückt. Der Blutstrom der Wunde ist nicht zu stillen.

Michael greift sich in der Panik ein Geschirrtuch und drückt es fest gegen die Wunde. Die informierte Nachbarin fährt mit ihrem Auto aus der Tiefgarage und bringt ihn ins Krankenhaus.

An der Anmeldung der ambulanten Chirurgie empfängt ihn ein unfreundlicher, junger Schnösel. Er zeigt kein Interesse an der Wunde, redet lediglich davon, dass er zwei Dinge von Michael bekommt.

Die Versichertenkarte und 10 Euro.

Michael fühlt sich in seiner Situation alleine gelassen. Sie können gerne noch etwas bekommen, eine auf's ..., geht ein Gedanke mit ihm durch.

Eine Arztassistentin kommt auf ihn zu, schaut sich die Wunde an, nimmt ihn mit ins Behandlungszimmer, wirkt beruhigend auf ihn ein und fängt ihn auf.

Sie glaubt, dass die Wunde nicht genäht werden muss, und verlässt das Zimmer. Michael wartet geschlagene 20 Minuten auf die Ärztin und glaubt, verbluten zu müssen.

Plötzlich taucht die Ärztin wie aus dem Nichts auf. Das Warten hat sich gelohnt. Sie ist freundlich, hat ein Leuchten in den Augen.

Mit einem auf Erfahrungswerte gestützten Kennerblick sieht sie, dass die Wunde nicht genäht werden muss. Kleben und verbinden reichen aus.

»Halb so schlimm«, sagt die Ärztin und fasst Michael am Arm.

Die Nachbarin, die freundlicherweise auf ihn gewartet hat, fährt ihn nach Hause. Alles ist glimpflich abgelaufen. Es hätte schlimmer kommen können. Michael zieht sich seinen Schlafanzug an. Der Tageskreislauf schließt sich. Man sollte früher schlafen gehen, an Tagen wie diesen.

DER LADENDIEBSTAHL

Die Buchhandlung hatte drei verschiedene Abteilungen, auf drei Stockwerke verteilt. Im Untergeschoss gab es Schreibwaren, im Erdgeschoss Bücher und im 1.Stockwerk Reiseliteratur. Atlanten, Reiseführer, Landkarten und Leuchtgloben.

Die Kundschaft war überwiegend angenehm. Ein seltsamer Kunde jedoch, der einmal die Woche auftauchte, beschwerte sich ständig.

Er sah in Büchern Eselsohren, wo keine waren, mahnte Bücherstapel an, bei denen das zuoberst liegende Exemplar der gebundenen Romane ausnahmsweise eingeschweißt geblieben war, und beklagte sich allgemein über den angeblich schlechten Service der fleißigen, umsichtigen Buchhändler und Schreibwarenfachkräfte.

Der Kunde hatte ein unvorteilhaftes Aussehen. Er war schlecht gekleidet. Jacke, Hose und Schuhe befanden sich in dauerhaft verschmutztem Zustand. Seine Haare waren fettig und nicht gekämmt. Das Gesicht nicht rasiert. Er hatte gelbe, teilweise ins bräunliche gehende Zähne und schlechten Atem.

Selbst bei einer Buchbestellung, bei deren Aufnahme man ihm ausdrücklich gesagt hatte, dass er auf sein Buch zwei Wochen zu warten habe, da es sich um eine Verlagsbestellung handelte, kam er einen Tag nach der Bestellung in den Laden und beschwerte sich über das Fehlen seines Buches.

Als der Buchhändler ihm ein weiteres Mal freundlich darauf aufmerksam machte, dass es sich bei seinem georderten Buch um eine Verlagsbestellung handelte, wurde er ausfällig und versicherte seinem Gegenüber, sich bei dessen Chef persönlich über ihn zu beschweren. Der Buchhändler ließ dem Kunden die Möglichkeit offen, wohl wissend, ihm die notwendigen Auskünfte gegeben zu haben.

Einige Wochen später, der Buchhändler war natürlich weiterhin beschäftigt, sah er plötzlich seinen Chef aus dem Untergeschoss dem seltsamen Kunden hinterherspurten.

Die Verfolgungsjagd, die im Untergeschoss begonnen zu haben schien, erstreckte sich über das Erdgeschoss, die lange Holztreppe hoch bis zum 1.Stockwerk.

Sie wurde von lauten, angsterfüllten, kreischenden, in die Nähe des Hysterischen gehenden Schreien überwiegend weiblicher Mitarbeiterinnen begleitet.

Der Buchhändler, der keine Kundschaft zu bedienen hatte, schlich zusammen mit ebenfalls freien Kollegen die Holztreppe hoch, um den weiteren Hergang der Verfolgung des unliebsamen Kunden mitzubekommen.

Er meinte, in der linken Hand des Flüchtigen ein Etui erkannt zu haben, und tippte auf zwei wertvolle Schreibgeräte mit Endlosmine, im dreistelligen Eurobereich als Diebesgut.

Als er zusammen mit seinen Kollegen die oberste Stufe der Holztreppe erreicht hatte, sah er seinen Chef par terre. Er hatte den Dieb überwältigt, unter seiner Leibesfülle begraben, und forderte seinen Stellvertreter auf, die Polizei zu verständigen.

In den Augen des Buchhändlers hatte der Chef mit dem Niederringen des Diebes ganze Arbeit geleistet. Seine sportliche Vergangenheit als Zehnkämpfer mag ihm dabei hilfreich gewesen sein. Ein Blick auf die Uhr zeigte dem Buchhändler an, dass er seine Pause anzutreten hatte. Nachdem er seine Stulle gegessen, die Zeitung gelesen und sich mit anderen Kollegen im Pausenraum über den Vorfall unterhalten hatte, ging der Buchhändler nach Ablauf seiner Pause an seinen Arbeitsplatz zurück.

Am Eingang des geöffneten Chefzimmers, das vis-à-vis des Pausenraums lag, stand der Dieb, umzingelt vom Chef und zwei Polizeibeamten. Der Dieb hielt das Corpus delicti in den Händen. Ein Etui mit Schreibgeräten.

»So, nun können Sie sich über mich beim Chef beschweren. Am besten, Sie tun es mündlich.

Wie ich sehe, wird es schriftlich nicht gehen«, ließ sich der Buchhändler zu einer Retourkutsche verleiten.

Der Chef staunte nicht schlecht. Der überführte und dingfest gemachte Dieb hatte das überhebliche Grinsen eines entlarvten Verlierers in seinem Gesicht.

HALTET DIE HOLZDIEBE!

Der Lieferwagen fährt mit geöffnetem Spalt an den Hintertüren durch die Gegend. Drei große Stücke Holz schauen einen halben Meter aus dem sich langsam bewegenden Fahrzeug heraus. Ein älterer Mann sitzt im hinteren Teil des Fahrzeugs und hält das ganze Material zusammen. Er hat die Aufsicht über das Holz. Als dem Lieferwagen ein Polizeiauto entgegenkommt, erhöht der Fahrer plötzlich die Geschwindigkeit.

Das sind Holzdiebe auf der Flucht. Dieser Gedanke schießt einem als neutraler Beobachter des Vorgangs als erstes durch den Kopf.

Die beiden Herrschaften haben mit ihrer phantastisch praktischen Motorsäge von der Firma mit den »Nackte-Mädels-Kalendern«, der so manchem Malocher das ganze Jahr über den nötigen Schwung beim Erledigen der Arbeit gibt, bestimmt den halben Wald abgesägt. Der Lieferwagen biegt mit einem Karacho um die Ecke, dass der grinsenden Holzaufsicht die Zigarette aus dem Mund fliegt. Die Polizei schaltet das Martinshorn ein und fährt weiter. Sie muss einen anderen, essenstechnischen Auftrag erledigen. Die mutmaßlichen Holzdiebe entkommen. Sie werden in den kommenden Jahren wohl kaum erfrieren.

LUFT

Bisher dachte ich, man müsste alle Entscheidungen, die im Leben gegen einen getroffen werden, verstehen lernen. Mir ist klar geworden, dass es unter diesen Entscheidungen welche gibt, die keiner Erklärung bedürfen. Wo ich mir früher diese »Sie müssen verstehen, dass«, »Tut mir leid, aber« und »Leider muss ich Ihnen sagen, dass« noch angehört habe, stelle ich heute die Ohren auf Durchzug und laufe weiter. Aus »Alles getan und nichts bekommen«-Ablehnungen kann ich nichts lernen, und deswegen sind Menschen, die sie aussprechen, für mich nur eines. Luft. Dermaßen Luft, dass es selbst dem Erdoberfläche einhüllenden Gasgemisch Unehre macht. Diese Luft hat wenigstens noch Bestandteile. 12 Gase, Wasserdampf, Staub, Mikroorganismen …

Wenn ich sie sehe, gibt es keine unnötigen Gefühlsregungen mehr, keine Erinnerungen, keine Vergangenheit, keine Gegenwart und keine Zukunft. Sie sind Luft, die ich zum Atmen nicht brauche. Einfach überflüssig.

PETROCHEMIE

Petronius Georgiadis hat Probleme mit seiner Umwelt. Seit Tagen liegt er im Clinch mit seiner Freundin Marie, seinem Chef, seinem besten Freund Marius, seiner Schwester Claudia, seiner Mama Romina und seinem Papa Aris.

Petronius, dessen Name vom Griechischen »Petros«, der Stein, herrührt, liegen seine Probleme wie derselbige auf dem Herzen.

Marie geht abends gerne weg. Ins Theater, ins Kino oder lecker essen in ein gutes Restaurant. Kultur in jeder Hinsicht ist ihr sehr wichtig.

Petronius, den alle nur Petro nennen, zieht es vor, mit seinen Kumpels drei Mal die Woche einen trinken zu gehen.

Sein Chef möchte, dass sein Einsteller morgens pünktlicher am Arbeitsplatz erscheint, wohingegen Petro regelmäßig zehn Minuten zu spät kommt.

Petro glaubt, Marius habe ihm seine Freundin Marie ausspannen wollen. Marius behauptet, mit ihr lediglich einmal im Kino gewesen zu sein, und ihr auf der Gartenparty letzten Sommer einen freundschaftlichen Kuss auf die Wange gegeben zu haben.

Seine Schwester Claudia beklagt sich darüber, dass Petro sie nicht mehr sehen wolle, weil sie Marco geheiratet habe, den er noch nie ausstehen konnte. Petro meint, sie tue ihm Unrecht. Er habe lediglich wenig Zeit, sie zu besuchen.

Petro glaubt, seine Mutter Irini sei zu fürsorglich,

könne nicht loslassen, wohingegen die Mama der Auffassung ist, ein bisschen auf ihren erwachsenen Sohnemann aufpassen zu müssen.

Sein Papa Aris glaubt fest daran, dass Borussia Dortmund und Panathinaikos Athen nächste Saison Meister ihres Landes werden, während Petro auf Bayern München und Olympiakos Piräus tippt.

Das kleinste Problem mit dem Vater zu haben ist für Petro ein Hoffnungsschimmer.

Als ihm die Probleme über den Kopf zu wachsen scheinen, geht er in den Supermarkt und kauft sich vier Leberkäsebrötchen und einen Sixpack Altbier. Die Kassenfrau versteht ihn nicht, obwohl er laut und deutlich gesagt hat, dass er eine Tüte haben möchte. Nach diesem Zwischenfall sucht Petro einen Arzt auf, um herauszufinden, was seine Umwelt dazu veranlasst, ihm ständig Steine in den Weg zu rollen. Der Arzt empfiehlt ihm, zweimal die Woche mit seiner Freundin auszugehen, die Herrenabende auf ein Minimum zu reduzieren, rechtzeitig am Arbeitsplatz zu erscheinen, seinem Freund Marius gegenüber nicht allzu misstrauisch zu sein, sich Zeit für seine Schwester zu nehmen, Mamas Ratschläge mit einem freundlichen Lächeln in Empfang zu nehmen und Papa seine Borussen und Panathinaikos als Meisterschaftsaspiranten Nr.1 sehen zu lassen.

Der Arzt räumt ein, das Problem mit der Supermarktkassiererin könne an deren Ohren oder mangelnder Auffassungsgabe liegen.

»Herr Georgiadis, die Chemie zu ihrer Umwelt ist etwas gestört. Sie müssen schauen, dass daraus wieder starke, kräftige »Petrochemie« wird«, sagt der Arzt.

Petro lächelt und nimmt die Sache in Angriff.

HEY, ALTER

Ich habe ein paar Fragen an dich, Alter. Du bist eigentlich mit das Unumgänglichste, was es gibt. Dir entkommt keiner, es sei denn, er stirbt früher. Wie ist das denn, von niemandem gewollt zu sein, und trotzdem einen sicheren Platz auf der Erde zu haben, weil du die vorletzte Haltestelle vor der Endstation Tod bist?

Wie ist das zu sehen, wie sich die Menschen abrackern, wie sie joggen, schwimmen, wandern, mit Stöcken durch die Gegend laufen, Abendkurse besuchen, und dich abmildern aber nicht verhindern können, weil dein Eintreffen natürlich von der Biologie vorgegeben ist?

Wie ist das mit der Erfahrung und der Weisheit, wenn der Mensch bei dir ankommt? Sind diese Schätze wirklich so groß oder sind sie vielleicht gar nicht ausschließlich ein Privileg des Alters? Und, Alter, wie sieht es mit der Angst vor der Einsamkeit aus, ausgeschlossen zu werden aus der familiären Gemeinschaft, abgeschoben zu werden ins Seniorenheim.

Wie ist es mit dem Liebe machen, den Zipperlein, die sich täglich mehren können, der Angst, vor dem Tod etwas versäumt zu haben, und vor ihm selbst? Wird das Geld wirklich manchmal zum Kompensationsmittel der Jugend gegenüber, um die Unterschiede auszugleichen?

Wie ist das Gefühl, auf ein erfülltes Leben zurückblicken zu können?

Das ist mein Fragenkatalog an dich, Alter. Ich hätte noch mehr Fragen, aber das ist es für den Moment. Einen Vorschlag hätte ich noch. Vielleicht können sich jene Vertreter der Jugend, die keinen so ausgeprägten Wortschatz haben, auf der Straße mit »Hey« und Vornamen begrüßen. Alter ist als Wort geschützt. Schon gewusst, Jugend?

SCHUHBECK INN

Die kleine Fahrradtour mit dem älteren Herrn über Feld, Wald und Wiesen des hessischen Flachlandes war anstrengend. Der zur Begleitung auserkorene junge Mann hatte in untrainierter Verfassung erhebliche Mühe, der auf die Pedale übertragenen körperlichen Fitness des älteren Herrn zu folgen.

Als dieser im Waldgebiet sein Fahrrad an die dichte, buschige Tanne lehnte, um auszutreten, nutzte der junge Mann die Möglichkeit aufzuschließen.

Wenige Minuten später gab das im Fahrtwind flatternde Schild der Sportsmütze des erfahrenen älteren Sportkameraden wieder die Richtung vor. Immer geradeaus. Und. Bloß keine Müdigkeit vortäuschen.

Die flache Landschaft tat dem jungen Mann nicht den Gefallen, ihn ein weiteres Mal vom Rad steigen zu sehen. Auf ebenen Wegen schien er als Tempomacher unschlagbar zu sein.

Nach der Hälfte der Strecke, die den Wendepunkt der auf 40 km angesetzten Radtour markierte, war es für die beiden Radler höchste Zeit, ein Päuschen zur inneren Regeneration einzuberaumen. Der ältere Herr lud seinen Begleiter zu einem Tässchen Kaffee mit Kuchen in eine besondere Lokalität ein. Schuhbeck Inn. Der junge Mann wunderte sich über einen Bayern in Egelsbach. Alfons, der berühmte Sternekoch, musste eine überregional verzweigte Restaurantkette aufgebaut haben. Der junge Radler, der des Englischen eigentlich mächtig war, dachte zunächst, das Wort »Inn« habe etwas mit dem Fluss zu tun, bis ihn seine Sprachbegabung aus den Tiefen des nahezu verlorenen Wortschatzes eines besseren belehrte. »Inn« war das englische Wort für »Gastwirtschaft«. Die beiden Radler betraten in Sportkleidung die noble Einrichtung und setzten sich an eines der feinen kleinen Tischchen.

Eine nette, gutgelaunte Bedienung mit schwarzen, zum Pferdeschwanz gebundenen Haaren und Brille bat um die Bestellung. Der ältere Herr wollte zu seiner Tasse Kaffee einen Blechkuchen haben. Die Bedienung drückte ihr Bedauern darüber aus, dass der Blechkuchen ausgegangen war, was den älteren Herrn dazu veranlasste, sich der Bestellung seines Begleiters, der einen Träubleskuchen und eine Tasse Kaffee geordert hatte, anzuschließen.

Vom Restaurant aus hatte man einen guten Blick auf einige auf einem Sammelplatz abgestellten und auf ihren nächsten Einsatz wartenden Segelflieger.

Die seitens der beiden Radler unter den Gästen des Restaurants mit dem prominenten Namen erwartete High Society war nicht anwesend. Überwiegend unauffällig gekleidete Menschen mit teilweise mausgrauen Pullundern über dem Hemd bildeten das Gros der Gäste. Lediglich im hintersten Eck des Restaurants, wohl separiert von den anderen Gästen, tranken zwei gelangweilt wirkende, der High Society angehörige Damen mittleren Alters ihren Kaffee. Eine davon trug einen großen Hut. Sie warf einen Blick auf den jungen Radfahrer und ließ ihre samtweiche Zunge lasziv über die mit reichlich Lippenstift bedachten Lippen kreisen. Die freundliche

Bedienung brachte mit einem strahlenden Lächeln im Gesicht die ihr aufgegebene Bestellung rasch.

Die beiden Radler verweilten bei Kaffee, Kuchen und guter Unterhaltung so lange, bis eine aufziehende dunkle Wolkenfront am Himmelszelt sie zur Weiterfahrt aufbrechen ließ.

Der ältere Herr erzählte seinem Begleiter, das Restaurant habe, falls er noch auf das stille Örtchen müsse, astrein geputzte Toiletten und Waschbecken zu bieten.

Sie stiegen auf ihre Räder und traten den 20 km langen Rückweg an. Der ältere Herr übernahm, da er sich im Umkreis besser auskannte, erneut die führende Rolle. Er trat mächtig in die Pedale, forderte seinem im Schlepptau folgenden Begleiter das Letzte ab, und sorgte durch sein angezogenes Tempo dafür, dass die Regendusche vor dem Erreichen des überdachten Ausgangspunktes gnädig ausfiel.

Der junge Radler hatte sich achtbar geschlagen, was ihm der ältere Herr mit einem ausgiebigen Abendessen im Kreise seiner Familie honorierte.

DER BLUMENLAIE

Es ist Sonntag morgen, 10 Uhr und Muttertag. Ich stehe in meiner Wohnung und überlege, ob ich meine Eltern besuchen gehen soll. Ich registriere, dass ich kein Geschenk habe. Mir wird klar, dass ich ohne ein Präsent am Muttertag nicht erscheinen kann. Eines ist sonnenklar. Ich brauche eines. Aber welches? Die Packung mit den verschiedenen Schokoladetäfelchen schön einpacken und durch die Blume dankeschön sagen. Gut. Aber ein bisschen wenig, denke ich.

Beim Stichwort Blume kommt mir eine zweite, weitaus bessere Idee. Warum nicht einen schönen Blumenstrauß kaufen? Ich kenne lediglich ein Blumenfachgeschäft in Waiblingen, von dem ich nicht weiß, ob es Sonntag morgens geöffnet hat.

Ich setze mich ins Auto und fahre aus der Stadt, in der ich wohne. Ich suche ein Blumenfachgeschäft in Schorndorf auf, von dem ich sicher weiß, dass es Sonntag morgens geöffnet hat.

Als ich Schorndorf erreiche, fahre ich zunächst in die falsche Straße, bis ich bemerke, dass ich die Parallelstraße nehmen muss. Ich lasse eine Radlergruppe links abbiegen und komme beim Blumenfachgeschäft an. Da stehen viele Autos. Auf die Idee, der Mutter an ihrem Tag einen Blumenstrauß mitzubringen, sind viele gekommen. Wäre ich ihn mal lieber einen Tag früher kaufen gegangen.

Als ich mich der Ladeneingangstüre nähere, steht eine Frau auf der Türschwelle. Da ich mich hinter ihr anstellen muss, warte ich im Freien darauf, bis ich an der Reihe bin. Ich bin froh, dass mein Warteplatz wenigstens überdacht ist, wo es seit einigen Minuten zu regnen begonnen hat.

Ich sehe, dass sich fünf freundliche Blumenhändlerinnen um die zahlreiche Kundschaft kümmern. Jene Menschen, die sich bereits einen eingewickelten Strauß oder ein Gesteck ausgesucht haben, werden zur Kasse gebeten. Das Feld in meiner Schlange lichtet sich. Ich bin dran.

Ich sage der netten Blumenhändlerin, dass ich »Blumenlaie« sei und für meine Mutter einen schönen Blumenstrauß zum Muttertag suche.

Ich hätte »ein bisschen Blumenlaie« sagen sollen, um meine Ahnungslosigkeit abzuschwächen. Mit einem verständnisvollen Lächeln im Gesicht stellt sie mir die allesentscheidende Fachfrage.

»Strauß oder Gesteck?«

Ich antworte spontan mit »Strauß« und bekomme sofort einige floristsich pfiffig gebundenen Sträuße zur Auswahl. Ich nehme den Strauß mit Rosen und Gerbera für 29,90 Euro. Ein stolzer Preis für einen Blumenstrauß, aber das muss einem die Mutter wert sein. Erst recht, wenn man nach den liebevollen Zeichnungen aus der Kinderzeit an so manchem Jahr seine Mutter am Muttertag lediglich mit einer Gratulation bedacht hat. Ich verabschiede mich von der Blumenhändlerin, in deren Nähe ich mich als Kunde wohlgefühlt habe, und fahre zu meinen Eltern. Auf dem Weg zur Haustüre bewundere ich die Bindekunst der Blumenhändlerinnen. Meine Mutter ist überrascht, als ich ihr den Blumenstrauß schenke. Sie freut sich. Jede Frau mag Blumen. Wusste ich es doch.

Ich werde die netten Blumenhändlerinnen wieder aufsuchen. Nicht nur am Muttertag.

SELBSTGESTRICKTES

Daniela saß inmitten einer Frauengruppe, die mittwochs ein kleines Kaffeekränzchen veranstaltete, angeregte Unterhaltung pflegte und sich gegenseitig selbst geschriebene Geschichten vorlas. Im großen, gut beheizten Zimmer hatte es sich Daniela im Schneidersitz auf der Eckbank gemütlich gemacht.

»Daniela, hast du wieder etwas Schönes für uns geschrieben?«, fragte die Gruppenleiterin die 23-jährige Bibliothekarin.

Daniela nickte, stand auf, nahm ihren Schreibblock zur Hand, den sie auf dem großen, ovalen, in der Mitte des Raumes stehenden Tisch gelegt hatte, öffnete das mit zwei Pferdemotiven bedruckte Deckblatt, nahm ihre Position im Schneidersitz auf der Eckbank wieder ein, und begann zu lesen.

Ihre Geschichte handelte von einer jungen Frau, die sich darüber beklagte, weder von einem Familienmitglied noch von der Verwandtschaft jemals etwas Selbstgestricktes geschenkt bekommen zu haben.

Weder die Mutter, noch die beiden Schwestern, die Großmütter, Cousinen oder Tanten hatten ihr einen Pullover, Handschuhe oder ein paar Socken gestrickt. Daniela hatte ihre Geschichte kurz gefasst, auf den Punkt gebracht und eindringlich erzählt.

Eine gewisse Beklemmung mischte sich unter die zunächst durch absolute Aufmerksamkeit der Zuhörer erzeugte Stille des Raumes, die nach dem Vortragen der Geschichte an Intensität zunahm.

»Darf ich dich fragen, woher du deine Kleider, den

gestrickten Pullover, den gestrickten Schal, die gestrickten Socken und die gestrickten Handschuhe hast?«, fragte Cecilia, die älteste Teilnehmerin der Damenrunde.

»Alles gekauft«, antwortete Daniela.

Ein melancholisch angehauchter, nahezu trauriger Unterton war ihrer angenehm warmen Stimme als Dissonanz zu entnehmen.

Da Weihnachten vor der Türe stand, hatte Daniela mit ihrer Geschichte eine brisante Thematik angeschnitten. Die Werbestrategen legten den Konsumenten nahe, möglichst viele von der Industrie hergestellten Geschenke für ihre Lieben nachzufragen, und da wollte Daniela etwas Selbstgestricktes haben.

Die meisten Frauen in der Gruppe hatten Daniela verstanden, waren jedoch selbst gekauften Geschenken mehr zugetan als gebastelten oder gestrickten.

Cecilia lächelte. Sie hatte sich als einzige nach ihrer Frage an Daniela inhaltlich nicht zum Thema geäußert.

Nachdem weitere Geschichten über Beziehungskisten, einen Besuch des Weihnachtsmannes bei erwartungsfrohen Kindern und eine Reise nach St.Petersburg vorgelesen worden waren, die Kaffeetassen leer, der Kuchen bis auf ein letztes Stück, das niemand dem anderen wegnehmen wollte, verzehrt war, verabschiedeten sich die Damen bis zum nächsten Mal.

Am darauffolgenden Mittwoch, dem letzten Gruppentreffen vor Weihnachten, saßen die an selbstgeschriebenen Geschichten interessierten Frauen wieder zusammen. Als alle im großen, gut beheizten Raum Platz genommen hatten, Daniela im Schneidersitz auf ihrer Eckbank saß, erhob sich Cecilia, lief auf Daniela zu und übergab ihr einen kleinen, flauschigen, grün-orange-gestreiften Frosch.

»Für dich, Daniela. Selbstgestrickt. Wenn du ihn küsst, so wird ein Prinz daraus, und wenn du Glück hast, strickt er dir einen Pullover, Socken, Handschuhe oder gar einen langen, warmen Schal mit Fransen dran.«

Daniela umarmte Cecilia. Ein paar Tränchen der Rührung kullerten über die Wangen der beiden.

DIE REGENSCHIRMSPITZE

Christian, ein 36-jähriger Finanzbeamter, lief täglich um dieselbe Uhrzeit an der Bushaltestelle »Keksland West« vorbei.

Er befand sich auf dem Rückweg von der Metzgerei, wo er sich geröstete Maultaschen im großen Plastikbecher geholt hatte, zu seinem Arbeitsplatz.

An der Bushaltestelle verloren sich um die Mittagszeit einige Halbtagskräfte des Kekslandes, sowie Hausfrauen und Rentner, die vom Einkaufen mit Tüten vollbepackt oder vom Arztbesuch mit Pflästerchen am Arm oder auf der Stirn versehen mit dem Bus nach Hause fahren wollten.

Eine Frau, Mitte 30, vermutlich eine der Halbtagskräfte des Kekslandes, stach Christian besonders ins Auge. Sie trug langes, schwarzes Haar, war stets adrett gekleidet und stand mit einer Umhängetasche und gesenkten Blickes vor dem Schaufenster eines Modefachgeschäftes. Christian hatte ihr Verhalten über mehrere Tage hinweg beobachtet und kam zur Erkenntnis, dass sie den Blicken, die er seinen dunkelbraunen Augen entsendete, nicht standhalten konnte.

An einem diesigen regnerischen Novembertag, der Regen prasselte auf die Straße und sammelte sich in einem den Asphalt überschwemmenden Bad, lief er wieder forschen Schrittes, mit gut frisiertem Kurzhaarschnitt, in braunem Anzug, rosa Hemd mit zartbrauner Krawatte und auf Hochglanz poliertem

Schuhwerk an ihr vorbei. In jenem Moment, als sie ihn kommen sah, drehte sie sich zum Schaufenster. Sie hatte unter einem Vordach Schutz vor den Regenmassen gefunden. Christian, der sie gerne nahe passierte, hatte plötzlich die metallene Spitze ihres Regenschirms kurz unterhalb seines Gemächtes, zwischen den Beinen.

Er tippte sie kurz an und bat sie darum, ihn aus seiner misslichen Lage zu befreien. Ihr Gesicht lief feuerrot an. Die Situation schien ihr peinlich zu sein.

»Wie kann ich das jemals wieder gutmachen?«, sagte sie.

»Wenn Sie mir morgen erhobenen Hauptes Ihr schönstes Lächeln schenken und mir dabei mit einem Kussmund ihren Namen entgegenhauchen«, sagte er.

»Ich verrate Ihnen meinen Namen schon heute. Ich bin der Christian«, fügte er hinzu.

Am folgenden Tag lief Christian um dieselbe Uhrzeit an ihr vorbei. Sie schenkte ihm ihr schönstes, strahlendstes Lächeln und hauchte ihm mit zarter Stimme ein »Petra« entgegen. Christian sah den schönen Namen in einer rosaroten Sprechblase in Herzchenform auf sich zufliegen. Ein angenehm prickelndes Gefühl fuhr ihm durch sämtliche Glieder.

Das Schaufenster war seine Alibifunktion losgeworden. Petras Kleidung war bereits vor dem kleinen Malheur mit der Regenschirmspitze stets modischer als dessen Auslage gewesen.

ZWEI SANFTE NÄCHTE

Die Einladung zum Autorentreffen nach Göttingen liegt in seinem Briefkasten. Timo Bruhns gehört zur Vielzahl hoffnungsvoller Nachwuchsautoren. Er hat sich das verlängerte Wochenende in der Universitätsstadt redlich verdient.

An einem Freitag nachmittag im November steht er mit etwas Reisegepäck am verschneiten Bahnsteig des Heidelberger Hauptbahnhofes und steigt dem ICE zu.

Im Zugabteil findet er neben einer schönen blonden Mittvierzigerin Platz.

Sie hat halblanges, gelocktes Haar, eine braune Kugelkette ziert ihren Hals, sie trägt eine rote Bluse, einen halblangen, braunen Rock und braune Winterstiefel mit hohen Absätzen.

Der Ausdruck ihrer dunkelbraunen Augen, funkelnde Sehnsucht, verzaubert ihre Umwelt.

Timo kommt mit ihr ins Gespräch. Sie erzählt ihm, sie sei Sachbuchautorin für medizinische Fachliteratur und befände sich auf der Rückreise von einem wichtigen Meeting in Stuttgart nach Hamburg. Die Zugfahrt vergeht wie im Fluge.

Er wendet seinen Blick selten von ihr ab, hört aufmerksam zu, wenn sie redet. Sie verliert nichts von ihrer Schönheit, nicht, wenn der Zug durch den Tunnel fährt, nicht, wenn sich ein Schatten durchs Fenster auf sie legt, nicht, wenn der Schaffner zweimal an ihr vorbeiläuft und seine unverschämt gierigen Blicke kreisen lässt, nicht, wenn sie erzählt, dass sie ihren Mann verloren hat und seit über einem Jahr Witwe ist.

Er wünscht sich, an ihrer Seite im Zug sitzend bis ans Ende der Welt fahren zu dürfen.

Hauptbahnhof Göttingen. Er ist am Ziel. Er muss aussteigen.

Er nimmt sein Reisegepäck von der Ablage, schaut ihr nochmals tief in die Augen und reicht ihr zum Abschied die Hand. Der Göttinger Hauptbahnhof ist laut. Die Menschen drängen sich auf den Bahnsteigen, den Treppen auf- und abwärts und den Unterführungen, die den Weg zum Ausgang weisen. In seiner relativen Orientierungslosigkeit nimmt er ein Taxi, das ihn zum Hotel bringt. Zwei Taxifahrer streiten sich, wer zuerst an seinem Platz des Taxistandes gewesen ist, und ihn, den hoffnungsvollen Jungliteraten, mitnehmen darf.

Das Missverständnis klärt sich auf, das Taxi fährt los. Der Fahrer scheint ein introvertierter Zeitgenosse zu sein.

Das Gepäck verstaut, das Fahrziel bekannt, redet er während der 20-minütigen Fahrt kein Wort.

Der Parkplatz vor dem Hotel ist mit Kieselsteinchen ausgelegt. Die Reifen des Taxis knirschen, als es im Begriff ist anzuhalten.

Timo schnappt sich sein Reisegepäck, bezahlt, bedankt sich und betritt das Hotel, an dessen Rezeption ihn eine ältere Dame freundlich empfängt. Sie zeigt ihm sein Zimmer, teilt ihm mit, dass kurz vor seiner Ankunft eine Dame eingetroffen ist, die ebenfalls das Autorentreffen besucht.

Sie schlägt ihm vor, da es im Hotel nur Frühstück gibt, ihn mit ihr zum Abendessen zu verabreden. Timo hat nichts dagegen.

Die Hotelzimmertüre schließt hinter ihm. Timo schaut sich um.

Das Zimmer ist sauber, die Matratze des Bettes weich, der Fernseher hat mindestens 30 Programme, das Bad eine Dusche mit Kabine und im oberen Fach des Nachttischchens liegt für alle Fälle eine Bibel für schlaflose Nächte. Die beiden Übernachtungen werden sehr angenehm sein.

Timo beschließt, die Stadt etwas zu erkunden. Sie ist in manchen Ecken klein, charmant und neblig. Er sieht eine Buchhandlung, kommt als Autor und an Büchern Interessierter nicht umhin, sie aufzusuchen. Vor dem Regal mit den alphabetisch sortierten Romanen stehend, hört er ein Kundengespräch mit, bei dem der Buchhändler behauptet, »Das fliehende Pferd« sei vergriffen.

Timo mischt sich ein, gibt dem Buchhändler den Ratschlag, den Titel in den Computer einzugeben, die Eingabefelder um die Suchbegriffe »Walser, Martin« in der Autorenzeile und »Suhrkamp« in der Verlagszeile zu ergänzen.

Die Kundin, eine ältere Dame, bedankt sich bei ihm, der Buchhändler schaut ihn grimmig an. Timo verlässt die Buchhandlung. In einer Buchhandlung, in der der einzige Angestellte, der Chef, weder Martin Walser noch dessen »Fliehendes Pferd« zu kennen scheint, möchte er nicht fündig werden.

Timo läuft durch die nebligen Gassen der Stadt,

kehrt zum Hotel zurück. Er betritt das Zimmer, schließt die Türe hinter sich.

Wenige Minuten später hört er ein Klopfen. Er öffnet die Türe.

Eine Frau, Ende 30, mit kurzem, blondem Haar steht in Blue Jeans, rotem Pullover und schwarzen Stiefeletten gekleidet vor ihm.

»Hallo, ich bin die Nike. Ich gehe morgen auch zum Autorentreffen. Würden Sie mit mir Abendessen gehen?«

»Gerne«, sagt er, schenkt ihr ein Lächeln und bittet sie, im Flur auf ihn zu warten.

Sie gehen zum Italiener. Die nette Kellnerin serviert dem hübschen Pärchen, ihr ein Nudelgericht, ihm Pizza und Salat, dazu eine Karaffe Rotwein.

Als sie miteinander anstoßen wollen, um das »Du« einzuleiten, macht Timo zwei kleine Fehlerchen, auf die ihn Nike hinweist. Er hält das Glas am Kelch, nicht am Stiel, und schaut ihr nicht in die Augen.

Sie erzählt von ihrem Leben. Sie arbeitet am Theater, kümmert sich um die Kulissen. Timo findet ihren Beruf sehr interessant, stellt Fragen. Gegen später teilt Nike ihm mit, dass sie frisch geschieden ist. Er hört zu, versucht, sie in ihrer Situation zu verstehen. Plötzlich erinnert er sich an eine Reportage, die er in einer Frauenzeitschrift über geschiedene Frauen gelesen hat. Dem Bericht zufolge würden sie kurz nach einer solchen Scheidung immer einen männlichen Tröster suchen.

Timo möchte nicht in dieser Rolle missbraucht werden, mahnt sich innerlich zu erhöhter Vorsicht.

Der schöne Abend klingt langsam aus. Ein letzter Schluck Wein, die am Stiel angefassten Gläser klirren im Kerzenlicht, die Blicke wandern von Stuhl zu Stuhl, über den Tisch.

Die Kellnerin kommt zum Abkassieren. Nike lädt Timo ein. Er bedankt sich bei ihr.

Draußen ist es kalt. Vereinzelt fallen Schneeflocken auf den Erdboden nieder. Sie hat einen kleinen Schwips, schmiegt sich an ihn. Er legt etwas schüchtern, seine innere Alarmglocke ausschaltend, den Arm um sie. Sie kommen im Hotel an, laufen den Korridor entlang. Sie geht mit auf sein Zimmer. Er verwöhnt sie mit Dichterworten. Plötzlich kullern ihr Tränchen aus den Augenwinkeln. Er legt das Buch zur Seite, streicht ihr die Haare aus der Stirn, küsst sie zart auf die Wange und trocknet mit den grazilen Gliedmaßen seiner schönen, gepflegten Hände ihre Tränen.

Er nimmt sie in den Arm, drückt sie, hält sie ganz fest. Gegen Mitternacht steht sie auf und verlässt sein Zimmer.

»Gute Nacht. Bis morgen«, sagt sie.

Er hat ihr ein Lächeln ins Gesicht zurückgezaubert.

Der nächste Tag kommt. Das Autorentreffen steht an. Sie frühstücken ausgiebig, fahren gemeinsam zum Veranstaltungsort. Nike hat ein kleines Schnauferl, einen schnuckeligen Ford Fiesta. Timo mag es, bei Frauen Beifahrer zu sein. Frauen sind gute Autofahrer.

Beim Autorentreffen angekommen, werden alle Autoren von der Gastgeberin begrüßt. Jeder Autor darf ein selbstverfasstes Gedicht mit Tesafilm an die Wand kleben. Timo hat keins dabei. Nike klebt ein wunderschönes Gedicht über die Königin der Blumen, die Rose, an die Wand. Timo verliebt sich in das Gedicht, dann in Nike.

Das Autorentreffen hat einiges zu bieten. Interessante Vorträge, gute Gespräche mit anderen Gleichgesinnten in lockerer Atmosphäre und leckeres Essen. Es wird später und später. Sie verabschieden sich von den anderen. Sie müssen zurück ins Hotel. Draußen hat es geschneit. Eine geschlossene Schneedecke hüllt die Erde in unschuldigen Puderzucker. Der eingeschneite Ford Fiesta steht da wie ein verhülltes Weihnachtsgeschenk.

Timo hilft ihr, die Fenster freizuschaufeln. Sie fahren zurück zum Hotel. Die Autoheizung erwärmt die Luft erst langsam. Ihm ist bereits heiß. Natürlich. Er ist verliebt. Sie streifen sich an der Eingangstüre des Hotels die Schuhe ab, betreten es, sagen sich auf dem Flur »Gute Nacht«, gehen auf ihre Zimmer. Minuten später klopft es an seiner Türe. Nike fragt ihn, ob er die Nacht auf ihrem Zimmer verbringen wolle. Timo überlegt kurz. Er hat sein Zimmer für zwei Nächte bezahlt. Er ist jedoch Badener, kein Schwabe.

Die inneren Alarmglocken läuten. Er ignoriert sie.

Sie schleichen Hand in Hand, wie frisch verliebte Teenager, auf leisen Sohlen, strümpfig auf Nikes Zimmer. Auf dem Bett liegend, erklärt sie ihm die einzig zu beachtende Spielregel.

Kein Sex. Alles andere ist erlaubt.

Sie steht auf, geht ins Bad, kommt in einem kurzen zartblauen Nachthemdchen und einem schwarzen, glänzenden Slip zurück.

Nike hat eine schöne Figur, da kann sich so manch

20-Jährige eine Scheibe abschneiden. Sie möchte, dass er sich an sie schmiegt, sie wärmt und hält. Er tut, was sie sagt. Ihre Herzen pochen etwas schneller. Seine Hand streicht langsam über ihren ganzen Körper, ihre Haut ist schön warm. Er spürt, wie sich in seiner Satinschlafanzugshose die Männlichkeit aufrichtet.

Er drängt, ihm verlangt nach mehr. Sie nimmt seine linke Hand, führt sie unter ihr Nachthemd. Ihre zartrosa Knospen richten sich auf.

Sie nimmt seine Hand wieder weg, wuschelt in seinen lockigen Haaren, gibt ihm einen Kuss und schläft ein.

Timo liegt wach hinter ihr und ist glücklich. Es ist das erste Mal, dass er engumschlungen mit einer Frau zusammen einschläft. Er freut sich darauf, mit Nike aufzuwachen.

Die Nacht ist vorbei. Als die Sonne durch die Ritzen des Rollladens lugt, wachen sie gemeinsam auf.

Sie frühstücken zusammen, bezahlen und verlassen das Hotel. Sie zeigt ihm ein bisschen von Bielefeld, ihrer Heimatstadt. Die Einkaufspassagen, das Fußballstadion und ein extravagantes Restaurant.

Die Kellner haben dort alle grüne Haare, das Essen schmeckt ausgezeichnet. Sie fährt ihn zum Hauptbahnhof Hannover. Ein eisiger Wind fegt über die Gleise, verweht den Schnee auf den Schwellen. Sie schaut ihn an.

»Werde erwachsen«, sagt Nike, und »Ich schreibe«.

Ersteres klingt wie eine billige Rechtfertigung einer

reifen Frau vor sich selbst, bei einem hübschen jungen Mann schwach geworden zu sein, letzteres gibt ein bisschen Hoffnung.

Timo schaut ihr so lange nach, bis sie in den Menschenmassen nicht mehr erkennbar ist. Er möchte der schmerzenden Realität ein Schnippchen schlagen, seine Tasche auf den Boden stellen, ihr hinterherlaufen, sie umarmen, küssen, halten, glücklich sein. Es geht nicht. Nike ist weg. Er ist leer.

Der Zug kommt. Er steigt ein.

Sie werden sich nicht wiedersehen.

HÄHNCHEN MEDIUM

Es ist wieder einmal Freitag, jener Tag, an dem sich Vater aufmacht, für den Rest der Familie Hähnchen zu besorgen. Neuerdings ist es auf dem Land üblich geworden, am Straßenrand Hähnchen zu verkaufen. Fünf Minuten, nachdem er die Haustüre hinter sich geschlossen hat, kehrt Vater zurück.

»Haltet eure Teller bereit, ich habe leckere Hähnchen mitgebracht«, sagt er.

Dem Rest der Familie läuft das Wasser im Munde zusammen. Bernd sticht mit Messer und Gabel in sein Hähnchen und zerlegt es auf dem vor ihm stehenden Teller. Etwas Blut spritzt ihm entgegen.

»Das sind ja Hähnchen medium«, brüllt er.

Er entfernt sich vom Mittagstisch, um seine blutverschmierten Hände zu waschen.

»Hat man so etwas schon gesehen«, sagt Vater.

»Das ist man sonst nur von Steaks gewöhnt«, fügt Mutter hinzu.

»Eklig«, sagt Bernds kleine Schwester Isabelle.

Sie trösten Vater, der sich so bemüht hat, ihnen ein leckeres Mittagessen zu besorgen.

»Nächsten Freitag wird es bestimmt besser«, sagt Bernd.

»Hoffen wir es«, sagt Vater und isst weiter.

Als Kind hat man ihm beigebracht, dass gegessen wird, was auf den Tisch kommt.

EIN BESONDERS WERTVOLLER GEBURTSTAGSGAST

Mein Vater feiert seinen 70.Geburtstag. Er, meine Mutter, mein Bruder und ich sitzen in der Gaststätte, in Erwartung der ankommenden Gäste. Mein Vater blickt auf seine mit Schreibmaschine abgetippte Gästeliste und meint, dass exakt 44 Gäste kämen. Etwas später wird er feststellen, dass diese Zahl nicht stimmt. Der junge Sportkamerad hat seine hochschwangere Frau doch mitgebracht. Es sind somit endgültig 45 Gäste.

Einige Gäste sind bereits eingetroffen. Ich kenne sie alle und weiß jeden einzuschätzen. Den Onkel, der wieder zuviel trinken wird, die Tante, die viel redet und wenig sagt, den Jugendfreund meines Vaters, der die Rolle des Spaßvogels übernimmt, den intelligenten Sportkameraden, der für geistreiche Unterhaltung sorgt, und die Cousine, die wieder einmal ohne Mann ist und tiefe Einblicke in ihren Ausschnitt geradezu herausfordert. Einige Männer nehmen das Angebot gerne an. Ich nicht. Ich bin schließlich ihr Cousin.

Plötzlich geht die Türe auf und ein gehbehinderter Mann mit einer Manschette am Arm betritt den Festsaal. Er geht auf meinen Vater zu, der als Geburtstagskind der Mittelpunkt des Abends ist, begrüßt ihn, gratuliert ihm zum Geburtstag und überreicht das Geschenk. Einige Flaschen guten Wein. Er sucht sich einen Platz unter den mittlerweile beinahe vollzählig erschienenen Festgästen. Er läuft an mir vorbei, und wir schenken uns ein Lächeln. Der Mann ist mir auf Anhieb sympathisch. Er trägt einen grauen Anzug, mit schickem Hemd und Krawatte, sein ergrautes Haar ist seitengescheitelt. Neben meiner Tante, die zusammen mit ihrem Mann am weitesten, aus Hessen, angereist ist, findet er Platz. Er ist kontaktfreudig und kommunikativ und sucht das Gespräch mit ihr.

Da er meine Eltern jedes Jahr einmal kurz nach Weihnachten besucht, weiß ich einiges über ihn. Er heißt Ingolf Herbst, ist sprach- und gehbehindert, hat ein ganzes Arbeitsleben hinter sich gebracht und ist sehr an Kirchenmusik interessiert. Einige wenige der Festgäste machen sich tuschelnd über ihn lustig. Der Running-Gag der Dummen macht unter ihnen die Runde. Die Geschichte mit dem Stoffzipfel, der beim Zeugungsakt im Weg war. Ich fange an, diese wenigen Menschen, die sich über ihn lustig machen, zu hassen. Ihr Verhalten reicht aus, um es abgrundtief zu tun. Die Mehrheit der Festgäste nimmt ihn ernst, was mich freut. Ingolf findet mehrere Gesprächspartner. Das Essen, Schweinelendchen mit Spätzle, Kroketten und Salat, und ein Gläschen Rotwein dazu schmecken ihm. Er hat richtig Spaß an der Geburtstagsfeier.

Ingolf Herbst beeindruckt mich sehr, und ich nehme mir vor, mit diesem interessanten Menschen nach dem Essen das Gespräch zu suchen. Ich setze mich neben ihn und er eröffnet das Gespräch, indem er mich fragt, was ich beruflich mache. Ich sage ihm, dass ich Bücher schreibe und Schüler und Erwachsene in Sprachen unterrichte. Er nickt mit dem Kopf. Ich habe seine Akzeptanz. Wir reden über seinen Beruf, er war Fabrikarbeiter, und über sein Hobby, die Kirchenmusik. Teilweise habe ich Schwierigkeiten, ihn zu verstehen, aber ich zeige ihm durch kluge Fragestellungen, Wortwiederholungen und Zuhören können an, dass er bei mir so sein darf, wie er ist, ohne fürchten zu müssen, dass ich ihm eine Falle stelle, ihn nicht ernst nehme oder gar auslache.

Unser Gespräch ist gut, und als die anderen Festgäste singen, singt er mit. Ich freue mich so für diesen Menschen, dass er sich wohlfühlt, und ich bin froh, dass die wenigen Dummen, die denken, sie seien Ingolf Herbst überlegen, weit weg von uns sitzen. Als es Kuchen gibt, bringe ich ihm ein Stück. Er bedankt sich und isst das größte Stück Himbeerkuchen, das ich besorgen konnte, mit Genuss. Als es spät wird, fragt er mich, ob ich ihn nach Hause fahren würde.

»Das mache ich gerne«, sage ich.

Wir laufen zum Parkplatz, und Ingolf hat mit den Stufen etwas Mühe. Als er auf dem Beifahrersitz Platz nimmt, fordert er mich auf, ihm den Gurt anzulegen. Ich helfe ihm beim Anschnallen, und er bedankt sich. Wir fahren durch die Nacht, und ich hatte schon lange keinen so angenehmen Mitfahrer mehr.

Er erzählt, dass er am nächsten Tag eine Versammlung seines homöopathischen Vereins hat, und in Bälde an einem Posaunentag teilnehmen wird. Ingolf ist immer auf Achse.

Wir verabschieden uns, und er fragt mich, was er mir schuldig sei. Ich sage ihm, dass es eine Ehre für mich gewesen sei, ihn nach Hause zu fahren. Er wünscht mir eine gute Zeit und ich ihm auch. Sein Händedruck ist fest. Ich winke ihm zu, und er winkt zurück. Ich bemerke, dass ich das schon lange nicht mehr gemacht habe.

Ich schaue ihm nach. Ich bin nach wie vor begeistert von diesem Menschen. Ich entlasse einen zufriedenen Menschen in die Nacht.

FAMILIENBANDE

Die Suche nach einem glücklichen Miteinander mit den Menschen war vorübergehend in einer Sackgasse geendet. Cornelius fühlte sich von manchen Mitmenschen belogen, betrogen, ausgenutzt und verkauft. Mit 25 war er von zu Hause ausgezogen. Manche seiner Bekannten hatten sich über ihn lustig gemacht und mit Fragen wie »Ist schön im »Hotel Mama«, was? oder unangenehmen Sprechchören wie »Cornelius, Cornelius, der Junge, der bei Mutti bleiben muss« genervt.

Seine wenigen, aber guten Freunde akzeptierten, dass Cornelius den Absprung ein bisschen später packte.

Die Abnabelung vom Elternhaus, Cornelius war in die Stadt gezogen, verlief reibungslos. Er versorgte sich selbst und machte die Wohnung sauber.

Seine Versuche, sich einen neuen Bekanntenkreis aufzubauen, scheiterten am schnellen Rhythmus des Lebens, an der Unzuverlässlichkeit jener, die er kennengelernt hatte, und mündete im Rückzug, in der Einsamkeit.

Das Schiff seiner Selbstständigkeit kenterte, und kein Auffangbecken war in Sicht.

Cornelius hatte einen großen Fehler begangen und war an seiner Naivität grandios gescheitert. Er hatte die falschen Menschen kennengelernt. Menschen, denen Nehmen seliger als Geben war.

Weihnachten stand vor der Türe. Cornelius überlegte, wie er seine Enttäuschungen, die ihn innerlich ausbrannten, überwinden, und sein Leben wieder in positivere Gewässer lenken konnte. Weihnachten war das Fest der Liebe. Cornelius hatte sehr schöne Erinnerungen an dieses Fest. Als Kind fand er es immer schön, wie der Vater den Baum ausgesucht, heimgebracht und in den Ständer gespitzt, und wie Mutter ihn schön mit bunten Glaskugeln, Strohsternen, Engelchen und etwas Lametta geschmückt hatte. Er mochte den Heiligen Abend, den 1. und 2.Weihnachtsfeiertag und auch Silvester. Es gab Geschenke. Die Verwandtschaft kam auf einen Besuch vorbei. Es wurde lecker gegessen, gespielt und geplaudert. Cornelius erinnerte sich an die Düfte in Mutters Küche. Mal roch es nach Bratensoße, mal nach Gebäck. Er liebte ihre Anisbrötchen und die Zimtsterne. Es wurde gegaigelt und wenn Oma und Opa aus dem benachbarten Ort gekommen waren, erzählten sie interessante Geschichten, bei denen Cornelius und sein älterer Bruder Max mit offenen Mündern vor den Großeltern saßen und die Ohren spitzten.

Cornelius konnte sich an die Spaziergänge im Schnee erinnern. Es war schön, sich ein bisschen draußen in der Kälte zu bewegen, das Winter-Wonderland zu erleben, um danach wieder die warme Stube genießen zu können.

Cornelius hielt inne. Er wollte all dies, angepasst an sein Erwachsensein, wieder haben. Ein Weihnachtsbesuch bei den Eltern würde ihm guttun.

Dort würde er sich Fallen lassen können, und durfte, obwohl er natürlich keines mehr war, wieder Kind sein.

Cornelius' Eltern waren immer eine feste Bank gewesen, wenn ihm das Pech an den Stiefeln klebte.

Sie hatten ihn selten enttäuscht, zu ihm gehalten, wenn andere ihn aufgegeben und verhöhnt hatten. Sie hatten ihn niemals schamlos betrogen, im Regen stehen lassen oder ausgelacht.

Trotz seiner Selbstständigkeit waren sie sein Telefonjoker, wenn etwas beim Kochen oder mit Versicherungsangelegenheiten nicht klappte. An Weihnachten würde er 50:50-Joker zum Tragen kommen. Er war so etwas wie die Rückfahrkarte für Cornelius. Zumindest für den Zeitraum des Weihnachtsfestes.

Den Publikumsjoker verschmähte er. Das Publikum war in jenem Fall zu streng.

»Einmal ausgezogen, immer ausgezogen«, sah er, wie sich 80% bei der Frage »Was macht Erwachsenensein aus?« für Antwort A entscheiden.

Cornelius schaute auf die Uhr. Es war der 24. Dezember, kurz vor 17 Uhr.

Er zog sich seinen rot-grünen Wintermantel an, warf sich den blauen Schal um den Hals und stülpte sich die handgestrickten Fäustlinge über. Mit den Geschenken in der Tasche lief er zu seinem klapprigen alten Auto, steckte den Schlüssel ins Zündschloss, schob die Gangschaltung aus der Leerlaufstellung nach vorne, in den ersten Gang und fuhr los. Im Autoradio lief Chris Rea. »Driving home for christmas«.

Das alte Gefühl stellte sich ein.

»Driving home for christmas, oh, I can't wait to see those faces«.

Die Straßen waren trotz der vom Himmel fallenden großen Schneeflocken geräumt.

Die Strecke war nicht besonders anspruchsvoll zu fahren. Es ging immer geradeaus. Während der Fahrt stellte sich bei Cornelius ein entspanntes Gefühl ein. Irgendwie kam Friede über ihn. Zunächst sah er die Menschen, die ihn enttäuscht, schikaniert, ja gedemütigt hatten, auf der Kühlerhaube sitzen. Sie klebten mit ihren Nasen an der Frontscheibe, schnitten Grimassen und lachten überheblich.

Der Fahrtwind verstreute sie in alle Winde. Cornelius sprach ein leises »Bye, bye, ihr Arschgeigen« aus, gab etwas Gas und freute sich auf seine Familie.

Er nahm die Ausfahrt und passierte das Ortsschild seines Heimatdorfes. Es war kein besonders schönes Dorf, aber es war jener Ort, in dem er aufgewachsen war, und das machte ihn zu etwas Besonderem.

Der Nachbar schippte Schnee und hob die Hand, als Cornelius ihm durchs Seitenfenster zunickte. Er bog um die Ecke, erreichte sein Elternhaus. Sein Vater hatte die Einfahrt bereits freigeschaufelt. Er befuhr sie dennoch nicht, parkte auf der Straße, da das Auto seines Vaters in der Garage stand.

Falls sein älterer Herr noch Besorgungen zu machen hatte, würde sein in der Einfahrt parkendes Auto die Ausfahrt versperren.

Was haben sie für einen geleistet. Das Ausmaß wird bewusst. Kann man das jemals gut machen?

Ist das der Kindbonus? Biologisch begründet? Wie ein eingebauter Mechanismus, dem man blind vertrauen kann, ohne ihn ausnutzen zu wollen?

EINE BUCHHÄNDLERIN
BEIM QUIZZEN

-für Monika Bauer-

Der große Pilawa bittet erneut zwei Kandidaten auf die Ratestühle, und ich wohne bei. Eine flotte, selbstständige Buchhändlerin mittleren Alters und eine ihrer Kundinnen, eine belesene, sehr gepflegte ältere Dame treten an, um die 300000 Euro abzugreifen. Pilawa begrüßt die beiden Damen und bittet sie um die Nennung der Gewinnstufen. 15000 und 50000 Euro.

Die Buchhändlerin, sie heißt Monika, ist eine besondere Kandidatin. Sie ist offen, resolut, humorvoll, etwas chaotisch, gebildet, gut aussehend und irgendwie süß.

Das Spiel beginnt, und sie korrigiert ein ums andere Mal die ältere Dame.

»Do leg i a Veto ein«, sagt sie in sympathischem Bensheimer Schwäbisch, und behält recht. Zwischendurch erzählt sie Berufliches. Es wird auch etwas privat. Monika weiß, was rote Zahlen sind, empfiehlt, Martin Suter zu lesen, und erzählt, dass ihr der Mann »abhanden gekommen« sei, und sie deshalb noch mehr arbeiten müsse, um »rumzukomma«.

Pilawa findet die Formulierung reizend, so reizend wie ein anderer, nicht verheirateter Mann die Monika finden wird. Bei solch einer interessanten, intelligenten, attraktiven Vollblutfrau werden sich die Männer sicherlich engagieren. Sie hat eine tolle Figur, ein hübsches Gesicht und dieser wunderschön geschminkte rote Mund. Wenn ich 10 Jahre älter wäre …

Die erste Gewinnstufe ist erreicht, und nachdem die ältere Dame dachte, Patella sei die Bezeichnung für das freie Stück zwischen den Augenbrauen, und von der Buchhändlerin Monika glücklicherweise mit einem »Do leg i a Veto ei« korrigiert wurde, dürfen sie wiederkommen.

Das Spiel geht weiter. Monika und die ältere Dame sind nochmals angetreten. Monika in einem flotten grünen Sommerkleid, in dem ihre beiden weiblichen Argumente schön zum Vorschein kommen, und schicken schwarzen hohen Schuhen. Als Pilawa sie auf ihr Naturell anspricht, sagt sie, sie sei schon immer so gewesen. Aus ihrer Not, eine alleinstehende Frau zu sein, hat sie eine Tugend gemacht. Ein eigenes Bühnenprogramm in Bensheim-Auerbach, in dem die alleinstehende Frau Thema ist. Pilawa glaubt, dass sich nach der Sendung »Körbe von Männern« ergeben werden.

»I hab au kleidungstechnisch a bissle …«, sagt sie und zupft an ihrem Ausschnitt. Das Publikum, das bisher oft gelacht hat, brüllt vor Lachen. Nach dem Traummann befragt, sagt sie, er müsse einfach nur tolerant sein und mittragen, dass sie so ein bisschen durchgeknallt sei.

Das Spiel läuft wie am Vortag. Monika legt Veto ein, und die beiden kommen eine Gewinnstufe voran. Monika weiß viel, und als sie sich sehr über eine richtig beantwortete Frage freut, droht eines ihrer beiden weiblichen Argumente aus der Bluse zu hüp-

fen. Monika erzählt, dass sie in ihrer Jugend so flach-
busig gewesen sei, dass sie bei »gewissen Aktionen«
habe rauchen müssen, damit man gesehen habe, was
hinten und vorne sei. Pilawa und das Publikum kön-
nen nicht mehr vor Lachen. Monika ist so herrlich
weiblich, und ihre neu erworbene Vollbusigkeit steht
ihr gut.

Bei der erreichten Gewinnstufe von 50000 Euro
spielen die beiden Damen weiter.

»A bissle Angscht hab i scho«, sagt Monika und
spätestens jetzt möchte man sie umarmen.

Die beiden Damen scheitern an einer Mozart-Frage,
die Monika wieder richtig gehabt hätte. Dieses Mal
hat sie zugestimmt, anstatt ein Veto einzulegen. Mo-
nika und die ältere Dame freuen sich.

»A super Geld«, sagt Monika, und als Pilawa sie
nach der Verwendung der Gewinnsumme fragt,
meint sie, dass »meine Mädla den Hauptatoil kria-
get«.

Pilawa drückt Monika herzlich beim Abschied.
Diese Frau muss man als Mann, der etwas von Frauen
versteht, einfach lieben.

BUCHHANDELSGEFLÜSTER

Ich war ein ganz normaler Junge, glückliche Jugend, gutbürgerliches Elternhaus, Abitur mit Hängen und Würgen geschafft, danach noch ein bisschen Kaufmannsschule, und dann, es war im Mai 1992, stand es in der Zeitung: GROSSBUCHHANDLUNG SUCHT AUSZUBILDENDEN. BEWERBUNGEN ERWÜNSCHT.

Ich überlegte kurz, ob ich mich bewerben sollte. Natürlich wollte ich einen kaufmännischen Beruf ausüben, aber warum ausgerechnet Buchhändler. Das sind doch irgendwelche »Pseudointellektuellen«, »gescheiterte Studenten«, »wenig wohlhabende Intellektuelle«, die im Hochsommer mit Wollsocken durch die Gegend laufen. Das war das Bild, welches das Vorurteil transportierte.

Eigentlich war ich auch nicht der große Leser. Natürlich interessierte mich die Literatur, vor allem Goethe und Thomas Mann mochte ich. Was über die Schullektüre hinausging, war mir suspekt. Auch als Kind war ich nicht die große Leseratte gewesen. Ein paar Burg-Schreckenstein-Bücher hatte ich gelesen, das war es auch schon. Wie also sollte aus mir ein guter Buchhändler werden? Ich hatte nicht viele Voraussetzungen, außer kaufmännischen Verstand, den ich auf der Kaufmännischen Schule und von meinen Eltern mitbekommen hatte.

Ich beschloss, mich zu bewerben. Die Lehrstellen waren rar, und meine Freunde fragten mich, warum ich mit Anfang 20 immer noch nichts Vernünftiges gelernt hatte. Auf meine Bewerbung hin kam ein freundliches Schreiben mit der Bitte, doch zu einem Vorstellungsgespräch zu erscheinen.

An einem wunderschönen, sonnigen Maitag machte ich mich mit der S-Bahn auf den Weg nach Waiblingen. Waiblingen liegt in der Nähe von Stuttgart, im Schwabenländle. Da ich nicht wusste, wo das Marktdreieck war, nahm ich ein Taxi und ließ mich dorthin chauffieren. Die Hitze war unerträglich und mein Deo kurz davor zu versagen. Der Taxifahrer redete nicht viel, er tat nur seinen Job. Ab und zu fuchtelte er wild durch die Gegend, als Frauen mit Kinderwägen einfach über die Straße liefen, ohne vorher links oder rechts zu schauen.

Ich erblickte das Marktdreieck und sah einen riesigen, mit bunten Farben designten Baukomplex. Das war also die Großbuchhandlung, dachte ich. Erst später stellte ich fest, dass die Großbuchhandlung nur ein Teil des Baukomplexes war. Ärzte, Planungsbüros, eine Reinigung … gehörten auch zum Haus.

Ungeduldig und angespannt stand ich vor der Eingangstüre der Buchhandlung. Was würde mich in wenigen Augenblicken erwarten? Ich war nervös, der Schweiß stand mir auf der Stirn. Ich nahm meinen ganzen Mut zusammen und setzte einen Fuß in die Buchhandlung, zog den zweiten nach, und schon war ich drin. Das erste, was ich sah, waren dicke, fette Bücher, die auf einem Tisch lagen. Dass diese Bücher später zu meinen täglichen Arbeitsinstrumenten gehören würden, wusste ich zu diesem Zeitpunkt nicht. Ich schaute mich um. Bücher, überall Bücher, Hunderte, ach was Tausende. Wie sollte man sich da auskennen, Bescheid wissen, was wo steht? Es erschien mir unmöglich. Waren diese Buchhändler etwa Hexer oder gar Genies?

Plötzlich kamen zwei Menschen in mein Blickfeld. Ihrem Verhalten nach mussten es Angestellte der Buchhandlung sein. Eine hübsche, blonde Frau, Anfang 40, und eine junge dunkelhäutige Frau, bestimmt eine Azubine. Ich ging auf die blonde Frau zu. Sie erschien mir vertrauenswürdig, kompetent und sympathisch.

»Hallo, ich bin Herr Egelhof und darf mich hier vorstellen«, sagte ich. Ich benutzte das Wort »darf« und brachte zum Ausdruck, dass es für mich eine Ehre war, mich vorzustellen.

Die blonde Dame nahm meine Anwesenheit freundlich zur Kenntnis und meinte, der Chef würde bestimmt gleich kommen. Der Chef war nicht pünktlich, aber Chefs sind immer sehr beschäftigt, das kannte ich von meinem Vater. Ich malte mir aus, wie dieser Chef wohl aussehen mochte. Er würde bestimmt ein Intellektueller sein, mit Nickelbrille und so.

Mit ungefähr zehn Minuten Verspätung kam ein Mann auf mich zu, der sich kurz und knapp mit seinem vierbuchstabigen Namen vorstellte und sagte, dass er der Chef sei. Er hatte ganz und gar nichts von einem Buchhändler. Keine Spur von Intellekt und auch keine Nickelbrille. Er war gut gebaut, sah aus wie ein Zehnkämpfer, auch ein bisschen wie Raimund Harmsdorff, der Hauptdarsteller des »Seewolfs« nach Jack London.

Wir setzten uns an einen kleinen Tisch und klärten die Dinge ab. Er fragte mich, warum ich Buchhändler werden wolle. Mich überraschte die Frage, nicht ihres Charakters wegen. Ich war nicht darauf vorbereitet. Mir fiel dennoch eine vernünftige Antwort ein, die ich in den Details nicht mehr weiß. Mein Abiturdurchschnitt von 3,8 war ganz okay, meine Noten auf der Kaufmannsschule hingegen überzeugten ihn. Ich hätte die Lehrstelle auch »nur« mit Abitur bekommen, dessen war ich mir sicher. Er wollte mich einstellen, mein Gott, ich konnte es kaum glauben. Ich hatte ein gutes Gefühl. Auch der Seniorchef, der an der Kasse stand, und die Abrechnungen machte, fand nette, sehr ermunternde Worte für mich.

»Also geben wir dem jungen Mann eine Chance«, sagte er und lächelte. Ich lächelte zurück.

Der Juniorchef führte mich durch den Laden und zeigte mir das Sortiment. Romane, Landkarten, Atlanten … Oh Gott, über das muss ich bald Bescheid wissen, schoss es mir durch den Kopf.

Er zeigte mir etwas sehr Wichtiges, das »Abholfach«. Alle von Kunden bestellten oder für Kunden zurückgelegten Bücher standen wie »Soldaten«, in Reih und Glied, in einem Fach. In jedem Buch war ein ominöser grüner Zettel mit einer Nummer drauf. Es gab eine Kartei, in der gelbe Zettel alphabetisch einsortiert waren.

Am 1. September sollte mein erster Arbeitstag sein. Ich verabschiedete mich von meinem zukünftigen Chef und fuhr mit der S-Bahn wieder nach Hause.

Das erste, was ich tat, war zu meinen Kumpels zu gehen und ihnen zu erzählen, dass ich mich anschickte, etwas Anständiges zu lernen. Ich erwartete Zuspruch, aber alles, was ich bekam, war ungläubiges Staunen.

»Was, Buchhändler, braucht man da überhaupt eine Ausbildung?«, fragte mich einer.

»Ich denke schon«, sagte ich.

Ich erntete wiederum ungläubiges Staunen. Er schüttelte den Kopf und lief weg. Ich könnte dich ja auch fragen, ob man dafür eine Ausbildung braucht, um zu lernen, wie man jeden Tag drei Handbewegungen am Fließband macht, dachte ich. Warum sollte ich mich über solche Menschen groß aufregen. Ich wusste, dass ich ganz gute Voraussetzungen hatte, in einem kaufmännischen Beruf zu bestehen. Was scherte mich das Geschwätz eines Typen, der am Fließband mehr verdiente als ich bekommen würde, mit Verlaub jedoch nicht sonderlich intelligent war.

Von Mai bis September machte ich Ferien. Ich bereitete mich physisch und psychisch auf meinen Berufseinstieg vor. Ich war mir sicher, dass diese Ausbildung mich weiterbringen würde. Vielleicht konnte ich mein schüchternes, zurückhaltendes Wesen etwas verändern, offener und freier werden.

Der September kam, und mein erster Arbeitstag war ein Schultag. Ich musste auf die Berufsschule nach Stuttgart. Ich war gespannt darauf, was mich dort erwartete. Mit der S-Bahn fuhr ich von Schorndorf aus nach Stuttgart. Vom Hauptbahnhof aus weiter mit der U-Bahn zur Haltestation Raitelsberg, wo ich aussteigen musste. Der Weg zur Schule machte mir etwas Angst. Ich musste durch ein Wohnviertel laufen, das keinen guten Eindruck auf mich machte. Heruntergekommene Häuser, wenig bis gar keine Grünflächen, und Menschen, in deren Gesicht man ablesen konnte, dass sie es nicht einfach hatten.

Ich betrat den Eingang der Schule und hatte auch von ihr keinen besonders guten ersten Eindruck. Alles schien sehr alt zu sein. Die etwas reservierte Sekretärin schickte mich zu meiner Klasse. Als ich ins Klassenzimmer kam, wurde mir mitgeteilt, dass ich schon zwei Wochen zuvor zum Unterricht hätte antreten müssen. Egal, dachte ich, die zwei Wochen Stoff wird mir schon jemand zukommen lassen.

Das erste, was mir auffiel, war das Verhältnis der Geschlechter in der Klasse. Wir waren vier Jungs und 16 Mädels, was mir nicht unangenehm war. Eine hübsche junge Dame, sie hieß Ursula, war mir behilflich, die fehlenden Schulbücher zu besorgen. Mein Nebensitzer hieß Martin. Er war einige Zeit lang in Berlin gewesen, und ich mochte ihn auf Anhieb. Es war überhaupt eine sehr angenehme Atmosphäre in der Klasse. Ich war spätestens jetzt überzeugt davon, den richtigen Beruf gewählt zu haben und das, obwohl ich noch keinen Tag im Buchladen gearbeitet hatte.

Mein Optimismus und das Engagement, den Beruf des Buchhändlers zu erlernen, wurden von einem älteren, frustrierten Lehrer sofort negativ beeinträchtigt.

»Warum wollt ihr denn Buchhändler werden? Geht doch zum Daimler. Da gibt's ordentlich Geld«, sagte er.

Ich dachte über diese Aussage nach und war mir im Klaren darüber, dass der Lehrer im Unrecht war. Ich war nicht der einzige in der Klasse, der das Abitur in der Tasche hatte. Natürlich hätten wir mit bestandener Reifeprüfung beim Daimler »Karriere machen« können, vom Bildungsgrad her. Wir waren jedoch nicht die Typen für solch eine Karriere, und jeder für sich wusste warum.

Nach wenigen Stunden war die Schule zu Ende, und ich fuhr nach Hause.

Am folgenden Tag würde der erste Tag im Laden anstehen, und ich hatte mächtig Respekt davor. Was würde mich erwarten, das war die Frage, die mir ständig durch den Kopf ging, und auch Boris Beckers Tenniskünste bei den US Open konnten mich nicht auf andere Gedanken bringen. Nach einer unruhigen Nacht wachte ich am nächsten Morgen auf. Im Buchladen anrufen und sagen, dass mich verdammte 42 Grad Fieber daran hinderten, meine Lehrstelle anzutreten, war nicht drin. Es hätte ziemlich unwahrscheinlich geklungen.

So abgedroschen die Phrase auch klingt, ich riss mich zusammen und ging arbeiten. Ich wollte endlich mein eigenes Geld verdienen, schließlich war ich 22 Jahre alt.

Eine freundliche Kollegin schenkte mir ein Buch mit dem Titel »Viel Spaß als Azubi«. Eine nette Geste, die mich mutiger machte.

Die erste Anweisung im Laden war, einfach nur durchzulaufen und sich das Sortiment anzuschauen. Ich lief durch, vorbei an dicken, gebundenen Romanen, kleinen, gelben Reclam-Heftchen, Landkarten, die in den gleichen Tüten eingepackt waren wie das Wurstbrot, das ich von meiner Mutter immer in die Schule mitbekommen hatte. In der Mittagspause, die ich kaum verdient hatte, schließlich hatte ich nichts gearbeitet, saß ich schüchtern neben zwei Buchhändlerinnen, die rauchten und sich über Dinge unterhielten, von denen ich keine Ahnung hatte. BAG-Abrechnungen, Klett-Lieferungen und ISBN-Nummern, nicht zu vergessen die neuesten Modeinfos aus dem Jil-Sander-Katalog. Ich spürte die Unsicherheit eines Azubis. Gott sei Dank musste ich niemandem Zigaretten oder ein Schnitzelbrötchen holen. Nach 8 Stunden interessantem Einblick in das Innenleben einer Buchhandlung durfte ich heimgehen. Auf die Frage meiner Eltern, wie es war, gab ich eine schlichte Antwort.

»Man kann noch nicht viel sagen. Es war nur der erste Tag.«

Die erste Zeit im Buchhandel

Am folgenden Tag, nachdem ich die Nacht über von einem großen, fetten Bücherwurm geträumt hatte, durfte ich schon ein bisschen mehr machen als nur herumlaufen und schauen. Man ließ mich eine Stunde lang Buchlaufkarten schreiben. Das sind kleine, viereckige, gelbe Kärtchen, vergleichbar mit einem Schiedsrichterzettel beim Tischtennis, auf denen man ein neu erschienenes Buch mit Autor, Titel, Preis, ISBN-Nummer, Verlag und Erscheinungsdatum erfassen muss. Damit ist das Buch zu einem großen Teil bibliographisch auf dem gelben Zettel registriert.

Es gibt noch einen zweiten Grund, warum man eine Buchlaufkarte schreiben muss. Wenn eine Buchlaufkarte eines bereits längere Zeit erschienenen Buches verloren geht, ist eine Ersatzkarte zu schreiben. Es gibt mehrere Möglichkeiten, wie eine solche Buchlaufkarte verlorengehen kann. Die witzigste davon ist, wenn ein Kunde den Buchhändler darum bittet, das Buch einzupacken, und der Buchhändler vergisst, die Laufkarte vorher zu entnehmen. Das wiederum kann mehrere Folgen haben. Für den Buchhändler ist die Karte verschwunden, und so mancher Beschenkte kommt in den Laden und fragt, wie es sein kann, dass eine Karte in seinem Geschenk war, obwohl das Buch nicht aus der Bücherei ist.

Zur Erklärung ist folgendes zu sagen. Die Buchlaufkarte ist lediglich dazu da, dass man das gekaufte Buch wieder auffüllen kann, und einigermaßen weiß, wie oft es verkauft wurde.

Neben dem Schreiben von Buchlaufkarten durfte ich am zweiten Tag auch auf Kunden zugehen, die einen rosa Abholzettel in der Hand hatten. Nicht etwa, weil das besondere Kunden waren, zur Abholkartei gehen, das Zettelchen mit dem richtigen Namen herausholen, das richtige Buch aus dem Abholfach zu greifen und es dem Kunden zu geben war kein großes Hexenwerk für einen Buchhandelsazubi, der sich manchmal von anderen Azubis unterschied.

Das lag daran, dass es im Buchhandel verschiedene Azubis gab. Der 30-Jährige gescheiterte Germanistikstudent kam genauso vor wie die 19-jährige

1,8-Topabiturientin, der 18-Jährige, der in 12/2 der gymnasialen Oberstufe genug von der Schule hatte, oder die strebsame Realschülerin, die mit 2,0 gut abgeschlossen hatte. Hauptschüler gingen eher in handwerkliche Berufe, wo sie ihre praktischen Fähigkeiten besser einbringen konnten.

Die folgenden Tage durfte ich morgens zum Auffüllen mitkommen. Jeder Abteilungsleiter schaute, was sich am Vortag in seiner Abteilung an Buchlaufkarten angesammelt hatte. Der Stempel auf der Rückseite der Laufkarte zeigte an, dass das Buch am Vortag verkauft wurde und aufgefüllt werden musste. Am Anfang ging der Abteilungsleiter mit und zeigte dem Azubi, wie man auffüllte. Das war gar nicht so einfach. Man war dabei nicht alleine. Auf relativ engem Raum versammelten sich mehrere Buchhändler, um aufzufüllen. Da gab es schon mal Kollisionen, der eine trat dem anderen auf den Fuß oder benutzte die Leiter, die sich der andere schon gesichert hatte. Im schlimmsten Falle bekam man einen Buchschlag auf den Kopf, wenn ein Kollege aus Versehen Bücher aus dem obersten Fach fallen ließ. Das Auffüllen selbst war auch nicht einfach, weil jede Abteilung verschiedene Kriterien hatte, nach denen Bücher eingeräumt waren.

Wenn man sich nach einigen Tagen im Dickicht des Lagers auskannte, dann machte Auffüllen viel Spaß. Für mich war es am Anfang ganz angenehm, morgens erst einmal eine halbe Stunde aufzufüllen, weil in den ersten Wochen und Monaten das Arbeiten im Laden, mit dem wenigen Fachwissen, das man hatte, und der Hemmschwelle, auf Kunden zuzugehen, die sich erst nach und nach abbaut, nicht so angenehm war.

Ich kann mich nicht mehr daran erinnern, wie meine erste Beratung eines Kunden aussah, aber es brauchte bei manchen Kunden lange Zeit, bis er einem Azubi vertraute. Natürlich war er nicht so belesen wie das Fachpersonal, das schon teilweise jahrzehntelang als Buchhändler arbeitete. Zum anderen kam auf eine Kundenfrage nicht immer sofort die Antwort und wenn sie kam, dann war es nicht immer die richtige. Fachkompetenz musste man sich erarbeiten, sie fiel nicht vom Himmel und grub sich in den Kopf ein.

Es gab überwiegend nette Kunden, die den Azubi nicht bloßstellten, weil irgendwann waren auch der Chef von der Krankenkasse, die Lehrerin oder der OB Azubi, auch wenn man bei ihnen andere Begriffe für den Zustand des Lernens benutzte, um sich in einem Beruf zurechtzufinden. Außerdem durfte man nie vergessen, dass man beim Betreten eines Ladens, auch wenn der Kunde König war, etwas vom Verkäufer wollte. Jeder Einzelhändler hatte es gern, wenn er nette Kunden bedienen durfte, und keine arroganten Kunden ertragen musste.

Relativ bald kam die Zeit auf mich zu, zu der der Buchhändler eine Art Hassliebe entwickelte. Das Weihnachtsgeschäft! Einerseits war er im Vergleich zum Sommer, wo er sich oftmals die Arbeit aus den Fingern saugen musste, durchgehend beschäftigt. Es kam ihm so vor, als ob die Zeit schneller verginge. Andererseits erlebte er in kurzer Zeit sehr viele Stresssituationen und abends, nach getaner Arbeit, Erschöpfungszustände. Dennoch war das Weihnachtsgeschäft eine aufregende Zeit, die jeder Buchhändler, wenn er ganz ehrlich war, irgendwo auch liebgewonnen hatte. Was konnte ein Azubi im Weihnachtsgeschäft am besten? Geschenke einpacken.

Beim Ruf »Einpacken« oder variationsweise »Geschenkle bitte« von der Kasse, verdrückte ich mich die erste Zeit in die hinterste Ecke und tat so, als ob ich ein Buch dringendst einräumen müsste. Das tat ich so lange, bis es mich anödete, immer den Kollegen den Vortritt lassen zu müssen. Eines Sonntags trainierte ich mit meiner Mutter Bücher schön einpacken, mit Schleifchen und so. Beim nächsten Lockruf von der Kasse sprintete ich nach vorne und packte die Sache an. Der Seniorchef, über den ich später erfuhr, dass das Einpacken ihm ein Graus war, stand neben mir und beobachtete mich. Ich packte das Geschenk ein und überreichte es freudestrahlend dem Kunden. Etwas später rief mich der Seniorchef zu sich und erklärte mir, dass man mit der Menge Papier, die ich zum Einpacken eines Buches verwendet hatte, mindestens zwei hätte einpacken können.

Von den Reichen lernt man das Sparen, ging es mir durch den Kopf. Später sah ich ein, dass der Kundenservice, Geschenke einzupacken, für die Firma keine billige Angelegenheit war, und mein Seniorchef im Recht gewesen war.

Eine besonders interessante Angelegenheit war es, das Kundenverhalten zu beobachten. Ich machte mir, obwohl das keiner von mir verlangte, Gedanken über die Tatsache, dass 80% der Kundschaft Frauen waren. Ich legte mir verschiedene Erklärungsmöglichkeiten zurecht, um dieser Tatsache auf den Grund zu gehen. Frauen haben mehr Zeit zum Lesen als Männer war These Nr.1. Ich bemerkte bald, dass dies nicht pauschal behauptet werden konnte. Frauen lesen gerner als Männer war These Nr.2. Diese Behauptung war schon hieb- und stichfester, aber noch nicht so ganz der Weisheit letzter Schluss.

These Nr.3 bot mir die Quintessenz meiner Recherche. Frauen haben ein größeres Interesse an Geschichten, können sich besser auf sie einlassen. Auf die Belletristik bezogen, machte diese These Sinn.

Im Bereich Sachbuch ist die Käuferschicht der Männer erheblich größer, schließlich muss man als Mann Bescheid wissen, wie man einen Dübel in die Wand haut und als Manager Karriere macht. Mit dieser These tue ich manchen Frauen Unrecht, weil auch Frauen handwerkliche Begabungen haben und als Managerin Karriere machen.

Eine andere Art des Kundenverhaltens und damit komme ich zum Weihnachtsgeschäft zurück, war das Alibiverhalten der Männer am 24.Dezember. Wenn man bis dahin noch kein Geschenk hatte, egal ob für die Frau, Freundin, Geliebte, Mutter, Schwiegermutter, Nichte oder Tochter, dann verordnete man sich am Heiligen Abend den Stress, in der großen Kassenschlange stehen zu müssen. Die Kassenschlange bestand zu 90% aus Männern, die 10% Frauen hatten wohl keinen Mann, vielleicht aber eine Freundin, Geliebte, Mutter, Nichte oder Tochter aus erster Ehe.

Alles in allem war sie schön, meine erste Zeit im Buchhandel. Allzu lange war die Gesamtzeit im Buchhandel nicht. Das Schreiben war mir irgendwann ebenso lieb wie das Verkaufen von Büchern, an einem bestimmten Punkt lieber. Heute schreibe ich Bücher und unterrichte Schüler und Erwachsene in Deutsch, Englisch und Französisch.

So ist alles, was von einer schönen Zeit blieb, ein leises Buchhandelsgeflüster.

DER PR-GAG

Der Ablauf der Public-Relation-Aktion war klar. Das hoffnungsvolle Nachwuchsliteraturtalent Hartmut Brecht sollte in einen Supermarkt gehen und dort drei Päckchen von der leckeren Buchstabensuppe kaufen. Es war arrangiert worden, dass beim Bezahlen an der Kasse plötzlich ein Kamerateam auftauchte, um Aufnahmen für ein Literaturmagazin zu machen.

Hartmut Brecht, Autor des Bestsellers »Frauen lügen anders«, betrat den Supermarkt. Obwohl er nach den vielen Presseberichten, die in der Lokalzeitung über ihn erschienen waren, eigentlich stadtbekannt war, erkannte ihn niemand. Bis auf den männlichen Einzelhandelskaufmann an der Kasse, waren ausschließlich Frauen im Supermarkt anwesend.

Hartmut lief zum Regal, in dem die Suppen aufgestapelt waren. Seine hohe Auffassungsgabe ließ ihn die Buchstabensuppe rasch finden. Er schnappte sich, wie abgemacht, drei Päckchen aus dem Regal und machte sich auf den Weg zur Kasse. Der junge Mann an der Kasse schob die Buchstabensuppe über's Band. Plötzlich tauchte das Kamerateam auf. Der mit einem riesigen Mikrofon ausgestattete Interviewer stellte die allesentscheidende Frage.

»Na, Herr Brecht, Sie machen nicht nur aus Buchstaben Romane, sie essen auch privat lecker Buchstabensuppe. Schmeckt sie Ihnen?«

»Ja, die ist absolute Spitzenklasse. Wenn ich dieses Meistersüppchen esse, habe ich danach die besten Ideen«, sagte Brecht.

Der Kassierer schaute irritiert, die Frauen fühlten sich bei ihrer raschen Abfertigung gestört, und Brecht war von diesem Zeitpunkt an endgültig ein Medienstar.

FRANKFURTER BUCHMESSE

Herbst für Herbst öffnen sich die Tore der Frankfurter Buchmesse. Der Buchhändler Daniel, Auszubildender einer Sortimentsbuchhandlung bei Darmstadt, fährt dieses Jahr in Begleitung seiner Kollegin, Frau Brender, Abteilungsleiterin Belletristik, zur Messe. Sein Fachbesucherausweis, den er am Eingang vorzuzeigen hat, ist für ihn die Eintrittskarte in die große weite Welt des Buches. Daniel hat ein gutes Gefühl, als er Halle 6 des Messegeländes betritt. Überall aufgebaute Stände mit belletristischen Büchern und Menschen. Der von den Verantwortlichen gesetzte Länderschwerpunkt ist dieses Jahr die Schweiz. Es geht hauptsächlich um Dürrenmatt, Zoe Jenny, Schweizer Märchen und co., ohne dass das restliche Geschehen nebensächlich wäre. Frau Brender hat wichtige Geschäfte bezüglich des Bucheinkaufs zu tätigen. Daniel soll sich umschauen, Erfahrungen sammeln und Spaß haben. Er hofft insgeheim, einige bekannte Autoren zu sehen, von denen der Leser lediglich deren auf Papier gedruckte Gedanken kennt. Daniel schaut sich um. Beate Wedekind, Journalistin und Autorin, wird am Stand ihres Verlages interviewt. Daniel ist ihr Name im Zusammenhang mit dem vielschichtigen Begriff »Society« geläufig. Am Goldmann-Stand entdeckt er Tanja Kinkel, die Königin auf dem Feld historischer Romane. Daniel stellt sich ein bisschen dazu und beobachtet, wie seine Lieblingsautorin befragt wird. Sie ist noch hübscher als auf den Klappentext-Fotos ihrer Bücher. Sie trägt ihr langes, braunes Haar offen, und ihr konzentrierter, stets beherrschter Gesichtsausdruck sendet ein Lächeln aus. Daniels Augen glänzen. Er versteckt sich hinter dem mit Novitäten gefüllten Regal des Verlags, dem sich eine Bar anschließt. Daniel erkennt Dieter Hildebrandt, auf einem Hocker alleine an der Bar sitzend. Es überkommt ihn jenes elektrisierende Gefühl, das entsteht, wenn man das erste Mal in der Nähe eines prominenten Menschen steht. Daniel kennt den Hildebrandt vom »Scheibenwischer«. Er mag dieses kabarettistische Urgestein, das er in »Kir Royal«, neben Baby Schimmerlos agierend, gesehen hat. Daniel bewundert Hildebrandts Mut, zu sagen, was er denkt, ihn auch nicht zu verlieren, wenn er vom glatzköpfigen Wolfgang Menge befragt wird und Helmut Kohl im Nacken sitzen hat. Neben Hildebrandts Pilsglas liegen Stift und Papier auf dem Tresen. Es werden wohl »Denkzettel« sein, auf denen der Altmeister in Goethes Geburtsstadt ein paar Notizen für eine Fernsehsendung oder ein neues Buch machen wird.

Daniel läuft weiter durch die Hallengänge. Plötzlich kommt ihm Werner Schneyder in Begleitung einer Dame entgegen. Der Mann mit der Stoppelfrisur hat eine Körpergröße, die Daniels 1,80 m bei weitem übertrifft. Gerne erinnert er sich an das »Ausgefallene Sportstudio«, das er als Kind während der bundesligafreien Zeit Samstag abends genossen hat. Schneyder verkörpert für ihn die Brillanz des Außergewöhnlichen.

Hildebrandt wartet an der Bar. Schneyder ist im Anmarsch. Daniel kombiniert. Die beiden Freunde werden sich ein gemeinsames Bierchen genehmigen, und anschließend den im Terminkalender vermerkten, straff durchorganisierten Messeverpflichtungen nachkommen. Daniel schaut dem großen Österreicher nach. Eine imponierende Erscheinung, ein eindrucksvoller Mensch.

Plötzlich taucht Jochen Senf auf. Daniel bekommt den Eindruck, dass es in Halle 6 vor Prominenten nur so wimmelt. Er folgt dem etwas untersetzten Tatort-Kommissar mit der Brille, in dessen Schlepptau drei gut gekleidete, Koffer tragende Geschäftsleute laufen und landet in der Ausstellungshalle mit den Sachbüchern.

Daniel schaut auf die Uhr. Es ist 12. Zeit zum Mittagessen. Frau Brender wartet bereits vor dem Restaurant auf ihn. Es gibt leckere Schnitzel mit verschiedenen Beilagen. Frau Brender ist gut gelaunt. Sie hat gute Abschlüsse mit den Vertretern gemacht und kann im Weihnachtsgeschäft mit optimalem Sortiment aufwarten. Daniel schlendert am Nachmittag zusammen mit ihr durch Halle 6.

Im Diogenes-Zelt schenkt die große Krimi-Autorin Donna Leon für alle Gäste Sekt-Orange aus. Auch Daniel bekommt ein Glas. Er wusste immer, dass die Besten die Bescheidensten sind. Etwas beschwipst, Daniel verträgt keinen Alkohol, betritt er mit Frau Brender den Seitentrakt von Halle 6, der sich Halle 7 nennt. Der Länderschwerpunkt hat sich dort aufgebaut. Unbekannte Autoren lesen humorvolle Texte vor. Einer handelt von Büstenhaltern. Plötzlich wird Zoe Jenny angekündigt. Daniel hat ihr »Blütenstaubzimmer« gelesen. Schwarz gekleidet tritt sie auf. Um ihren Hals hat sie einen langen dicken Schal gewickelt. Sie ist erkältet. Frau Jenny liest. Daniel hört gerne zu. Die Schweizerin gefällt ihm sowohl als Autorin als auch als Frau. Er verliebt sich ein bisschen in ihr Schweizerdeutsch.

Nach der kleinen Lesung holt sich Daniel bei Verlagen, die ihn interessieren, etwas Informationsmaterial. Die Repräsentationsdamen sehen perfekt aus. Blaues Jackett, halblanger blauer Rock, lange Beine, an den Füßen ein paar übergestreifte schicke Pumps. Ihre Kompetenz beschränkt sich darauf, Verlagsprospekte und sonstiges Material auszuteilen. Daniel flirtet etwas mit einer dieser Damen, ohne sauer zu sein, dass sie seine Fachfrage nicht beantworten kann. Wissen ist nicht alles.

Frau Brender mahnt zur Abfahrt. Daniel wirft einen letzten Blick auf das Geschehen in Halle 6. Ein interessanter, außergewöhnlicher Arbeitstag geht zu Ende. Die nächste Messe, mit dem nächsten Länderschwerpunkt, Prominenten und hübschen Repräsentationsdamen kann kommen. Daniel wird mit seinem Fachbesucherausweis wieder Einlass bekommen.

DAS BÜSTEN-SCHNÄPPCHEN

Eigentlich wollte ich nur ins Café gehen. Erst eine heiße Schokolade trinken, dann ein großes Glas Cola, schließlich ein alkoholfreies Weizenbier und ein bisschen nach dem anderen Geschlecht schauen. Ein kurzer, prüfender Blick in mein Portemonnaie zeigte es deutlich an. Ich hatte lediglich einen Hundert-Euro-Schein im großen Innenfach, und mit ihm wollte ich keine Rechnung begleichen, die höchstens 9 oder 10 Euro ausmachte. Ich konnte mir nicht helfen, wenn andere mit einem großen Geldschein eine kleine Rechnung bezahlten, sah es so aus, als ob sie der hübschen Kellnerin indirekt ein unmoralisches Angebot für eine Nacht unterbreiteten, was mit Frauen dieses Berufsstandes natürlich unter keinen Umständen zu machen war.

Ich wollte nicht zu diesen Typen gehören und überlegte mir, wo ich meinen Hunderter vor dem Betreten des Cafés in kleine Scheine wechseln konnte. Am liebsten wären mir zehn Zehner gewesen. Einen davon hätte ich der hübschen Kellnerin reichen und »Stimmt so« sagen können, wenn ihre Kopfrechenkünste 9,10 Euro ergeben hätten. Ich kam auf dem Weg zum Café, das etwas außerhalb der Innenstadt lag, an der Stadthalle vorbei.

»Heute. Großer Antik- und Trödelmarkt«, stand auf einem großen, seitlich der Eingangstüre angebrachten Plakat zu lesen.

Ich ging hinein. Zum einen war es in der Halle bestimmt wärmer als bei den winterlichen Temperaturen im Freien, zum anderen erhoffte ich mir, dort meinen Hunderter gewechselt zu bekommen.

Ein freundlicher Herr knöpfte mir drei Euro Eintritt ab. Diesen Betrag hatte ich zum Glück in drei Euromünzen im Kleingeldfach meines Portemonnaies. Ich fragte ihn nebenbei, wie lange die Veranstaltung dauere. Er sagte mir, sie würde bis 17 Uhr stattfinden, und als ich auf meine Uhr schaute, war es bereits 15.30 Uhr.

»Hoffentlich lohnt sich das noch«, murmelte ich vor mich hin und betrat das Foyer der Halle. Dort und in der Halle selbst wurden Schmuck, feines Tafelsilber, Ringe, Halsketten, Tassen, Teller, Besteck, Uhren, alte Bücher, Briefmarkenalben, Puppen, Eisenbahnmodelle und Vieles mehr zum Kauf angeboten. Einige Händler schienen auch im fortgeschrittenen Stadium ihres Arbeitstages gut gelaunt zu sein.

»Aber dich gibt's nur einmal für mich«, gab ein männlicher Vertreter einen alten Schlager zum Besten, nachdem er mit einer Standnachbarin etwas geflirtet hatte.

Ich lief durch die Gänge und schaute mir die einzelnen Stände an. Die Bücher interessierten mich als Bücherwurm natürlich am meisten. Es gab Andersens Märchen für 22 Euro, stoßweise gebundene Insel-Hardcover-Ausgaben für 5 Euro und auch einen Bildband über die Insel Mainau mit wenig Text und Schwarz-Weiß-Fotos für 11 Euro.

Na ja. Bei diesem Exemplar hätte man auf 10 Euro herunterfeilschen können. Ich begann, mich etwas zu langweilen. Den Bringer, den ich unbedingt haben musste, hatte ich noch nicht gefunden.

Hunger und Durst hatte ich keinen, so dass ich den kleinen, aufgebauten Stand guten Gewissens passieren konnte. Ich kam zu einem Händler, auf dessen großem Auslagetisch es überwiegend teures Kaffeeservice zu sehen gab. Inmitten dieser für mich unerschwinglichen Dinge, entdeckte ich den Bringer schlechthin.

Eine original Goethe-Büste. Ob sie ganz so original war, wie das Adjektiv durch meine Hirnwindungen zischte, galt es herauszufinden.

Nach einer Dreiviertelstunde Suchzeit war ich endlich fündig geworden. Ich fragte den Händler, der kurz zuvor einen anderen Kunden wortgewaltig beraten hatte, was der Goethe machte.

Wenn ich Händler gewesen wäre, hätte ich drei Antworten auf Lager gehabt.

»Nichts mehr. Goethe ist seit 1832 verschieden«, »Literatur, als er noch lebte« und die Nennung des Preises.

»35 Euro«, sagte er.

Ich äußerte ein den Preis realisierendes »Aha«, und da ich nicht wusste, wie ich ihn einzuordnen hatte, erkundigte ich mich nach dem Material der Büste.

»Sie ist aus Gips«, sagte der Händler.

Ich hielt Gips spontan für das falsche Material, aus dem eine Goethe-Büste gefertigt zu sein hatte.

Schließlich war Goethe niemals ein Gipskopf gewesen. Ich hatte diesen Ausdruck von meinem Großvater mitbekommen, der in seinen Erzählungen mit diesem Wort stets seinen früheren Chef charakterisiert hatte.

Da mir die Gipsbüste gefiel, nahm ich sie mit. Der Händler warf mir noch zwei, drei Verkaufsargumente über die Auslage entgegen, die mich wenig interessierten.

Ich hatte keine Ahnung von Büsten und konnte nicht prüfen, ob er mich anschwärzte oder zur Gattung der ehrlichen Händler gehörte.

Er kam um seine Auslage herum, stellte sich neben mich und fragte, ob er den Goethe etwas einpacken sollte. Ich sagte, es wäre mir recht, und er wickelte die Büste in ein großes Stück Zeitungspapier ein.

»Eine Tüte habe ich leider nicht. Sie sind mir ausgegangen«, sagte er.

»Macht nichts. Kann vorkommen«, sagte ich großzügig, obwohl ich keinen leeren, ursprünglich für Tüten vorgesehenen Platz sah.

Der Händler drückte mir die Gipsbüste in die Hand, zückte sein Portemonnaie und gab das Rückgeld.

»Da haben Sie den Preis aber noch einmal gesenkt«, sagte ich.

Ich hielt 70 Euro, einen Fünfziger, einen Zehner und zwei Fünfer, in der Hand.

»Das ist mein Feierabendpreis für Sie«, sagte er und grinste.

»Das ist aber nobel«, sagte ich lächelnd.

Ich fügte ein »Eher ein Altjahresschnäppchen« hinzu. Wir hatten den 30. Dezember.

Ich verabschiedete mich von ihm, verließ die große Stadthalle und lief durch die Straßen ins Café.

Die Leute schauten mich an. Normalerweise trug man Gemüse, Rettiche, Lauchstangen, vielleicht einen Kohlkopf vom benachbarten Händler über die Straße nach Hause.

Ich trug den intelligenten Kopf plus halben Oberkörper des Dichterfürsten durch die Gegend.

Im Café angekommen, fragte mich der Chef, Luigi Versini, welche Rarität ich mit zu ihm brachte. Ich packte die Goethe-Büste aus dem Zeitungspapier und legte sie auf den Tisch. Herr Versini, der sehr belesen war, erkannte den großen Deutschen sofort.

»Schön«, sagte er und strich mit seinen grazilen Fingergliedern über die Büste.

»Soll Romina heute ausnahmsweise Wein für dich bringen?«, fragte mich Herr Versini.

»Nein, das Übliche, bitte«, sagte ich.

Wenig später kam die heiße Schokolade, die mich aufwärmte, dann ein großes Glas Cola und schließlich ein alkoholfreies Weizenbier. Romina hatte, wie immer, ein Lächeln für mich übrig, und auch ich freute mich sehr, wenn ich sie sah.

Sie war sehr schön, hatte langes, braunes Haar, dunkelbraune Augen und eine Traumfigur. Sie zeigte sich stets erfrischend gastfreundlich. Ich blieb eine gute Stunde und verlangte die Rechnung.

»Genau 9,10 Euro«, sagte Romina.

Sie hatte die Summe in einer Mischung aus auf dem Blöckchen ausrechnen und Kopfrechnen herausbekommen, und hatte beim Aufsagen die 10 mit einem herrlich leichten Lispeln versehen, das ich nicht als Makel sah. Ich mochte es sehr, da es Romina, die schöne Überfrau, etwas menschlicher machte.

»Nobody's perfect.«

Ich sah den Spruch an der Praxistüre meines ehemaligen Kieferorthopäden bildlich vor mir.

Ich verabschiedete mich von Herrn Versini und Romina und ging nach Hause. Es war bereits dunkel, so dass das in Zeitungspapier gewickelte gute Stück kein Aufsehen erregte. Zu Hause angekommen, opferte ich die letzten zehn Bücher meines Regals, um der Goethe-Büste einen angemessenen Platz zu ermöglichen. Ich beschloss, in Zukunft, mit einem Fingerhut Wein bewaffnet, sie zu passieren, um Inspiration zu bekommen, wenn ich eine Schreibhemmung haben sollte.

Da andere sagten, ich würde einen ganz passablen Autoren abgeben, ging ich davon aus, dass der Dichterfürst im Fall der Fälle mich ernst nähme, mich weisen Blickes aus seinen tiefen Augenhöhlen anschaute. Es würde mir genug der Inspiration sein, und nebenbei würde der große Meister der Dichtkunst erkennen, dass er ein kleines Fehlerchen begangen hatte, als er zu Lebzeiten beim Dichten stets einen ganzen Weinkrug voll auf den Fenstersims gestellt hatte, um seine Blockaden zu überwinden.

Da man beim Schreiben einen klaren Kopf brauchte, wären ein Fingerhut voll und ein geöffnetes Fenster wegen der Frischluft besser gewesen. Ich strich Goethe über das Haupt.

»Macht nichts, Meister. Es hat weder Ihnen, noch Ihrem Werk geschadet, Herr Geheimrat.«

DER GESCHNKEEINPACKER

Eigentlich war ich im Buchhandel raus, doch jetzt stand mein Comeback an. 24 Tage plus 1 Tag Inventur Aushilfe im Weihnachtsgeschäft. Meine Aufgabe bestand darin, Geschenke einzupacken. Am Vorabend meines Antritts im Buchhandel stand ich in der Stuttgarter Schleyerhalle, bei einem a-ha-Konzert. Ich hatte Freikarten für Morten Harket und die anderen Jungs aus Norwegen bekommen. Die Show war großartig, die Fans gingen enthusiastisch mit, und ich war einfach froh darüber, noch einmal etwas Schönes zu erleben, bevor mich der Arbeitsalltag wieder hatte.

Der 1.Dezember kam. Ich nahm mein Frühstück zu mir, Tässchen Kaffee und ein Honigbrot, und nachdem ich meine Sachen gepackt hatte und das Schoko-Lamm aus dem ersten Türchen des Weihnachtskalenders verspeist hatte, machte ich mich auf den Weg zur Buchhandlung. Das Wetter zeigte sich von seiner schlechten Seite. Es war dunkel, kalt und Nieselregen. Hellwach lief ich durch die Straßen, vorbei an den Passanten, von denen einige potenzielle Kunden waren. So kurz vor Weihnachten brauchte irgendwie jeder ein Buch. Ich betrat die Buchhandlung, wurde zur Vize-Chefin gebracht, die mir Order gab.

»Gehen Sie an die Kasse runter. Assistieren Sie dort Frau Weber-Klingelmann und machen Sie nur eins. Geschenke einpacken.«

Eine halbe Stunde später stand ich an meinem Arbeitsplatz, einem Einpacktisch hinter einer Plexiglasscheibe. Der erste Kunde kam und hielt mir mit einem Lächeln ein Taschenbuch entgegen.

»Einpacken, bitte«, sagte er.

Ich riss ein Stück Papier von der Rolle ab und packte es ein.

»Mit oder ohne Schleifchen?«, sagte ich.

»Ist gut so. Danke«, sagte der Mann und steckte das Buch in seine Tüte.

Die ersten Tage waren etwas langweilig, da die Kundenfrequenz im Monat Dezember eine kleine Anlaufzeit brauchte, sich langsam steigerte und mit sehr regem Kundenverkehr im Weihnachtsgeschäft endete.

Schön war es, wenn Frauen zu mir kamen und meine Einpackkunst lobten. Ein charmantes »Schön haben Sie das gemacht« und die nächsten Bücher konnten kommen. Neben Büchern gab es auch Kalender, Postkartenbüchlein, Schreibwaren, die von der anderen Abteilung mitgebracht wurden, und Stofftiere einzupacken. Bei Kalendern musste man manchmal große Bögen von der Schreibwarenabteilung holen, überwiegend reichte jedoch das größere Papier von der größeren Rolle aus. Mitte des Monats zog die Kundschaft deutlich an, was sich bis Heilig Abend, dem letzten Arbeitstag vor Weihnachten, zu langen Schlangen ausweitete. Die Hektik nahm zu, und da war es immer schön, wenn ein süßes kleines Mädchen, von den Eltern vorgeschickt, mit großen Augen vor mir stand und mir mit einem von Kindesstimme begleiteten »Kannst du das für mich einpacken?« den einzupackenden Eisbären entgegenhielt.

Am Heiligen Abend kamen die männlichen Torschlusspaniker, die noch ein Geschenk für ihre Frau suchten, und auf das Pferd »Frauenroman in gebundener Ausgabe« setzten. Als dieser Kelch an mir vorübergezogen war, konnte Weihnachten, das Fest der Liebe, beginnen.

Zu Hause angekommen, zog ich mich um, nahm die Geschenke mit und fuhr zu meiner Familie. Weihnachten feiern. Ich saß im Wohnzimmer, schaute auf den schön mit roten Glaskugeln und weißen Strohsternen geschmückten Weihnachtsbaum und dachte daran, dass in einigen Tausend Haushalten Menschen bei der Bescherung mit von mir schön eingepackten Geschenken beglückt wurden.

DIE NACHT, ALS ANKE ENGELKE MICH EINEN SCHLEIMSCHEISSER NANNTE

Da es in meiner Wohnung heiß war, konnte ich nicht einschlafen. Die Affenhitze des Tages hatte sich in meiner Eineinhalb-Zimmer-Wohnung versammelt und sich als stehend erwiesen. Die Fenster öffnen und durchlüften machte wenig Sinn. Es hatte draußen kaum abgekühlt. Ich beschloss, noch etwas Radio zu hören, und landete im unerschöpflichen Angebot an Radiosendern auf SWR 3.

Das C-Team mit Anke Engelke und Christian Thees versuchte mit Erfolg, dem Hörer die Nacht so angenehm wie möglich zu gestalten.

Ich wusste nicht wozu, aber man konnte als Hörer anrufen.

»Ich mache da jetzt mal mit«, sagte ich leise vor mich hin und wählte durch.

Zu meinem Erstaunen kam ich durch. Das C-Team meldete sich und wollte wissen, wer am anderen Ende der Leitung war.

»Gerd aus W ...«, sagte ich.

Ich wollte Waiblingen, die Stadt, in der ich seit kurzem wohnte, aussprechen, da war mir Frau Engelke ins Wort gefallen. Sie wollte wissen, welche Unterhose ich trug.

Das süße Mädchen von einst, das noch lange vor »Kinderquatsch mit Michael« bei Biolek gesungen, als Teenager das Schülerferienprogramm moderiert und Frau Scheele beim Origami geholfen hatte und sich schließlich als Comedy-Rakete im All der Großen etablierte, wollte von mir Aufschluss über meine Unterbekleidung bekommen.

»Keine«, sagte ich frech.

»Was machst du denn gerade so?«, schloss sie eine weitere, weniger schlüpfrige Frage an.

Ich erzählte ihr, dass ich bei der Affenhitze kaum eine Mütze voll Schlaf abbekam, mir eine Vitamin-C-Tablette im Becher auflöste, mein erstes Buch geschrieben hatte und am nächsten Tag im Buchhandel zu arbeiten gedachte.

Ich versprach ihr, ein Exemplar meines Erstlings zu schicken, worauf sich Herr Thees aus dem Hintergrund zu Wort meldete.

»Kann ich auch eins haben?«, fragte er.

»Natürlich«, sagte ich.

»Du Schleimscheißer«, sagte Frau Engelke aus heiterem Himmel.

»Danke, Anke«, sagte ich schlagfertig.

Ich verzieh Frau Engelke ihren kleinen Fauxpas. Der Tag war heiß gewesen und es gab Schlimmeres, als von einem Radio- und Comedystar Schleimscheißer genannt zu werden. Ich war sowieso keiner, und das wusste ich besser als jeder andere.

Nach dieser kleinen Plauderei war ich wieder weg vom Sender, ohne etwas gewonnen oder einen Musiktitel gespielt bekommen zu haben.

Als der nächste Anrufer, der durchgestellt worden war, sich mit »Werner aus Dinkelsbühl« meldete und sofort aus der Sendung flog, wusste ich, dass mir Frau Engelke mit ihrem ins Wort fallen einen Radioauftritt beschert hatte. Es gehörte zu den Spielregeln, lediglich seinen Vornamen und den ersten Buchstaben seines Wohnortes zu nennen, um beim C-Team Gehör zu finden.

RADIOSTIMMEN

Mutter konnte sich viele Dinge bildlich vorstellen. Sie hörte gerne Radio, und wenn sie ihren Lieblingssender eingestellt hatte, dann mochte sie tiefe, sonore, sympathische Moderatorenstimmen.

»Das ist sicherlich ein großer, stattlicher Mann, und er sieht bestimmt gut aus«, sagte sie immer.

Wenn eine solche Moderatorenstimme Titel ansagte, mit Anrufern sprach oder Geschichten über die von ihm gespielten Künstler erzählte, geriet Mutter ins Schwärmen. Beim Nitschke vom SWR war ihre Begeisterung angebracht. Er entsprach allen ihren Vorstellungen. Es gab jedoch auch andere.

Ihr Sohn unternahm immer wieder Anstrengungen, der Mutter klarzumachen, dass nicht jeder Moderator, der eine gute Stimme hatte, aussah wie James Bond. Er brachte ihr Zeitungsausschnitte mit, in denen ihre Lieblings-Radiomoderatoren abgebildet waren, schenkte ihr zum Geburtstag Eintrittskarten zu Musikevents, bei denen sie als Moderatoren oder Conférenciers auftraten, besorgte Autogrammkarten von ihnen.

Als die Mutter all seine Bemühungen ausschlug, verstand er, dass er dabei war, ihr die Illusionen zu nehmen. Ihrem anfänglichen »Nein. Ich will es nicht wissen.« fügte sie eines Tages eine Ergänzung bei.

»Lieber Sohn, es wäre wie mit dem Brieffreund, dem man zum ersten Mal begegnet. Der ganze Zauber wäre auf einmal verflogen.«

Der Sohn unternahm keine weiteren Anstrengungen mehr, um seine Mutter umzustimmen. Er wusste jedoch, dass seine Lieblingsmoderatorin, Evi Seibert, beide Kriterien erfüllte. Sie hatte eine schöne, samtweiche Stimme und sah wunderschön aus.

DIE TÄGLICHE TED-UMFRAGE

Immer mehr TV-Sender machen tägliche TED-Umfragen. Die Fragen sind nicht immer sinnvoll. Wer steigt von der 1.Fußball-Bundesliga in die zweite ab? Karlsruher SC, Energie Cottbus, Borussia Mönchengladbach oder Arminia Bielefeld? Nach dem 3.Spieltag. Was ist Ihr Lieblingsmonat? Mai, Juli, Oktober oder Dezember? Wie viele Kinder soll die gute Yvonne Catterfeld bekommen? 1, 2, 4 oder mehrere?

Jeder Anruf kostet 25 Cent aus dem Festnetz. Nach all den Fragen, die mein Interesse nicht weckten, taucht plötzlich eine auf, die mich herausfordert.

Wer ist Ihr liebster Agent 007?

Fünf stehen zur Auswahl. Pierce Brosnan, Sean Connery, Daniel Craig, George Lazenby und Roger Moore. Mir fällt auf, dass sie Timothy Dalton vergessen haben. Warum auch immer.

Ich stehe auf Roger Moore. Er war einfach am smartesten, am coolsten und hatte den besten Humor. Dennoch liegt er zu jenem Zeitpunkt, an dem ich dem Meinungs-Poll beiwohne, weit abgeschlagen hinter Connery und Brosnan auf Platz 3.

Ich überlege, wie oft ich anrufen müsste, um Connery vom Thron zu stoßen.

61mal. Das würde 15,25 Euro ausmachen. Ich habe gerade mal 20 Euro im Portemonnaie und möchte, da ich Hunger habe, beim Pizzaservice bestellen, was in Kombination mit meinem 15-Euro-Bonuskärtchen knapp klappen könnte.

Da 4 meine Glückszahl ist, rufe ich 4mal an. Die

Reaktion der Connery- und Brosnan-Fans kommt prompt. Sie rufen je einmal für ihren Star an. Ich beantworte die neue Situation mit vier weiteren Anrufen, auf die Gefahr hin, dass der Mann vom Pizzaservice das Fladenbrot, Ketchup oder Mayo wieder mitnehmen muss, weil das Geld nicht reicht, und kein Trinkgeld bekommt.

Zwei Frauenstimmen nehmen die Anrufe entgegen. Die eine mit der forschen Stimme ist für den Willkommensgruß und »Ihre Stimme hat gezählt« zuständig, die andere mit den sympathischen Schwingungen in der lustigen Stimme sagt an, was ein Anruf aus dem Festnetz kostet.

Ein anderer Zuschauer ruft für Moore an. Jetzt hat er 33 Stimmen und Platz 3 sicher. Hey, Kumpel, wir greifen an!

Moore hat nun auch eine Schnapszahl, mit 77 hat Brosnan jedoch die wesentlich höhere. Ein Anrufer erhöht auf 78.

Ein anderer beteiligt sich am »Zwergenaufstand« und ruft für Craig an, womit dieser 6 Stimmen hat.

Ich rufe nicht mehr an. Mit 15,9%, die Moore auf sich vereint, wäre die drittgrößte Partei in Deutschland bei der nächsten Bundestagswahl hochzufrieden.

Ich habe 2 Euro verbraten und finde welche in der Hosentasche. Fladenbrot und Trinkgeld sind nicht in Gefahr. Trockene Pommes wird es auch nicht geben.

Stunden später schaue ich, durch den Pizzaservice verwöhnt, nochmals bei der TED-Umfrge nach. Brosnan führt mit 120, vor Connery mit 109 und Moore mit 102 Stimmen. Die Situation hat sich für Moore extrem verbessert. Da ich auch Jacken habe, habe ich weitere 10 Euro gefunden. 19 Anrufe müssten reichen, um meinen Lieblings-James Bond Roger Moore, den smartesten, coolsten, humorvollsten von allen, an die Spitze zu wählen. Ich reibe mir die Hände. Jetzt schlage ich zu. Bei jedem Anruf sehe ich im Videotext die Stimmen von Moore steigen. Nach 19 Anrufen ist es soweit. Mit meinen 4,75 Euro ist Moore der beste 007 aller Zeiten. Ich juble innerlich, muss aber feststellen, dass die Konkurrenz zu dieser späten Stunde noch nicht schläft. Brosnan-Fans legen mit zwei Anrufen nach. Ich nehme den Telefonhörer nochmals zur Hand, um auszugleichen. Spontan beschließe ich, meine restlichen 5 Euro zu verbraten.

Nach weiteren 20 Anrufen hat Moore 142 Stimmen und führt haushoch. Die anderen haben aufgegeben. Ich habe Roger Moore zurückgegeben, was er seinen Zuschauern gegeben hat.

Das muss einem der Lieblingsschauspieler wert sein. Ich hoffe, dass dem Sender noch mehr interessante TED-Umfragen einfallen. Da heißt es immer, einer alleine könne nichts bewegen. Ich schlafe beruhigt ein. Ich habe bewiesen, dass es geht.

AT THE HARDROCK FACTORY

Die »Rockfabrik« feiert 20-jähriges Jubiläum. Ein guter Grund, sich auf den Weg nach Ludwigsburg, der Stadt des blühenden Barocks, zu machen. Der Eingang der »Rockdisco« ist auf den ersten Blick nicht auszumachen. Betritt der Gast unabsichtlich den falschen Eingang, wird er von einer Mitarbeiterin mit einem überraschten freundlich-schüchternen »Wie kommen Sie denn hier rein?« darauf hingewiesen, dass lediglich das Personal dort Zugang hat.

Kurz vor Einlass, gegen 21 Uhr, formieren sich in Lederhosen und langen Mänteln ganz in schwarz gekleidete, überwiegend junge Menschen mit langen Haaren und geschminkten Gesichtern vor dem richtigen Eingang, auf dessen Türe »Büro« steht.

Der Türsteher, ein großer, kräftiger Muskelmann mit langem Haarschopf, spielt kurzfristig seine begrenzte Macht aus.

»Bevor ich hier nicht fertig bin, kommt keiner rein«, sagt er und entfernt sich, um zwei große, an der Eingangstüre stehende Tonnen wegzutragen. Mit einem Wink aus den Katakomben der »Rockdisco« gibt er Zeichen, gewährt den Anhängern der harten Klänge den lang ersehnten Einlass.

Am kleinen Kassenhäuschen entrichtet der Gast seinen Obulus, zeigt dem Türsteher und einem weiteren großen, kräftigen Muskelmann die Eintrittskarte, bekommt einen Leuchtstempel auf den Handrücken gedrückt und hat freien Zutritt zum irdischen »Rockparadies«.

Im Innern, im Herzen der »Fabrik«, gibt es mehrere kleine Essnischen, in denen man sich gemütlich zum Essen, Trinken und ein bisschen Plaudern zurückziehen kann.

Szenelook tragende, der Kopfrechenkunst mächtige Bedienungen mit freundlichem Auftreten stellen dem Gast mit einem unendlich viele »Ös« beinhaltenden »Bitteschöööööööön« die Bestellung auf den runden Tisch.

Die Preise sind etwas gesalzen. Der sich aus den Gesetzen der freien Marktwirtschaft ergebende Überlebenskampf ist unerbittlich hart. Nur ein hoher erwirtschafteter Umsatz garantiert den Gewinn für weitere 20 Jahre Existenz.

Plötzlich setzt Metal-Music ein, inspiriert die Fans, sich um den großen Dancefloor herum zu versammeln. Eine mutige junge Frau in Lederklamotten, von deren leichter Korpulenz nichts Negatives ausgeht, stellt sich als erste breitbeinig in die Mitte und eröffnet den Metaldancereigen. Sie bückt sich, dreht ihren Kopf mit den langen, blonden Haaren rotierend im Kreis. Mit dem härter werden der Beats erhöht sich das Drehtempo. Andere Headbanger und Headbangerinnen gesellen sich zu ihr auf den Floor. Schnell wird klar, dass es Unterschiede beim »Bangen« gibt. Die männlichen Hardrocker, jene »mit Lederkittel und so«, bewegen ihren Kopf waagrecht von oben nach unten. Einer »bangt« ein Mädel an. Die Anmache hat verschiedene Erscheinungsformen. Vereinzelt spielen die »Banger« mit den »Metallica«-, »Manowar«- und »Helloween«-T-Shirts zu den Metalklängen Luftgitarre.

Süße kleine Metalprinzessinnen mit hohen Stiefeln, schwarzen Strumpfhosen, kurzen Hotpants, »Princess Of Darkness«-Shirts, ärmellosen, mit Nieten bestückten Lederjäckchen und mächtig viel silbrigem Gehänge bekleidet, tanzen ohne zu »bangen«.

Ihr weißer Gesichtsteint, die schwarz ausgemalten Augenlider und der mit lila Farbe geschminkte Mund verleihen ihnen ein etwas gruselig-gruftiges Erscheinungsbild.

Es mischen sich coole Rockopas mit Piratenkopftuch, die aussehen wie Pippi Langstrumpfs sich gegen den bösen »Messerjocke« zur Wehr setzender Vater, und brave Jeanstypen mit Kurzhaarfrisuren unters tanzende Metalvölkchen.

Am Rande des Floors steht ein hübsches Pärchen, das sich wohl in der »Fabrik« verirrt hat. Sie hat lange, schwarze Haare, sieht in ihrem weißen, fluoreszierenden Top, dem schwarzen Stoffhöschen und den schwarzen Stöckelschuhen wie ein heißer, leuchtender Popdisco-Feger aus. Er trägt sein blondes Haar lang, hat weiche Gesichtszüge und trägt zu einem weißen Flanellhöschen ein rosa Sakko.

Helloween, Manowar, ihres Zeichens »The Kings of Metal«, Rammstein und co. bringen die Stimmung via Lautsprecherboxen zum brodelnden Höhepunkt.

Fehlt nur noch, dass der »Godfather of Metal«, Ozzy Osbourne, als »Prince of Darkness«, den Krückstock an der Lehne des Alterslehnsessels eingehakt, im Eck sitzend und ein Gläschen Hochprozentiges trinkend, seine »Untertanen« anfeuert.

DAS NEONGIRL

Der Nachbar verpasste seinem Garten, der monatelang still und leise vor sich hingewuchert hatte, eine neue Frisur, einen pfiffigen Kurzhaarschnitt. Die Ansammlung einzelner Grashalme hatte sich in ihrer Gesamtheit in einen kurz geschorenen Zierrasen verwandelt, der selbst zum Golf spielen zu schade gewesen wäre. Die den Garten umrahmenden, geschnittenen Hecken sahen so kahl aus wie gerupfte Hühner, die die Hausmagd eines Fürsten am Sonntag morgen für einen leckeren Geflügelbraten vorbereitet hatte. Ich war froh, dass der Nachbar seine Mäharbeit endlich eingestellt hatte, und das laute, surrende Geräusch des Rasenmähermotors meiner inneren Ruhe keinen Schaden mehr zufügen konnte.

Ich nahm mein Weizenbierglas aus dem oberen Küchenschränkchen, holte eine Flasche alkoholfreies Kristallweizen aus dem Eisschrank, schenkte ein und versenkte einen Zitronenschnitz in der kristallklar perlenden Tiefe des köstlichen Nasses.

Die physikalischen Gesetze des Auftriebs waren dafür verantwortlich, dass sich das saure gelbe Etwas bis zur königlichen Schaumkrone hocharbeitete. Dem Biergenuss stand nichts mehr im Wege. Ich setzte mich in den bequemen, mehrfarbigen Gartenstuhl, der neben dem kleinen Urwald, bestehend aus Palmen, Kakteen, Fresien und Geranien, auf meinem zur Straße gerichteten Balkon stand.

Die Abendsonne hatte etwas an Intensität verloren, so dass die Strahlen angenehme Wärme abgaben.

Zum perfekten Ausblick fehlten nur noch ein paar an meinem Balkon vorbeiflanierenden, gertenschlanken Traumfrauen.

Alles, was ich zunächst zu sehen bekam, war ein kleiner Junge, der an den etwas abgeblätterten Lättchen des Nachbars Gartenzaun seine ersten Kletterversuche tätigte, und offensichtlich Spaß daran zu haben schien.

Plötzlich tauchte aus dem Nichts eine junge Frau auf, deren neongelbe Hose die Leuchtkraft eines Vollmondes hatte. Sie trug ein weißes Overshirt mit Spaghetti-Trägern. Ihre langen, blonden Haare waren naturbelassen. Kein Farbtöpfchen der Welt hätte sie dazu verführt, ins Fettnäpfchen einzutauchen. Die neongelbe Hose war eine gut gewählte Form, anders als durch das typische Haarefärben aufzufallen. Zu meiner Jugendzeit hatten sich die meisten jungen Frauen die Haare gefärbt, um sich von den Erwachsenen zu unterscheiden, sich abzugrenzen und letztendlich unter ihresgleichen Beachtung zu bekommen.

Das Neongirl mit der herrlich verrückten Hose, unter der sich ein knackiger Hintern abzeichnete, lief an meinem Balkon vorbei und verschwand hinter der nächsten Häuserwand. Dort wartete vermutlich ihr Freund auf sie, der mit ihr einen schönen Abend verbringen wollte.

Ich war zu alt, um Bellamy-Brothers-mäßig ihr »Neon Cowboy« zu sein, und meine Gabriele war immer noch zu stolz, um zu mir zurückzukehren und einen Neuanfang zu wagen.

Ich prostete mir selbst zu und nahm einen kräftigen

Schluck aus meinem Weizenbierglas, auf dessen bauchigem Vorderteil ein dicker, Gerstensaft trinkender Mönch abgebildet war.

So ein Bierchen in der Abendsonne zu zischen hatte das gewisse Etwas, das andere Abendaktivitäten glatt in den Schatten stellte.

MICHAELA SCHAFFRATH
SUCHT EINEN MANN

Das Fernsehprogramm hält immer wieder Überraschungen bereit. Nachdem so mancher Bauer seine Traumfrau gefunden hat, sucht nun Michaela Schaffrath, die einst als Gina Wild sehr viele Männer beglückte, ihren Traummann fürs Leben.

Da sie im Dezember 37 Jahre alt wird, kann man als Frau schon mal daran denken, ohne gleich in Torschlusspanik zu verfallen. Die Suche, unterstützt durch das Medium Fernsehen, wird sie sich einfach gestalten?

Die Michaela ist eine attraktive Frau. Schönes langes blondes Haar und alles wohl proportioniert an der richtigen Stelle. Eine ehemalige Kinderkrankenschwester, die auch nett und freundlich sein kann. Eine Hammerfrau, die sich über mangelndes Interesse von Männern nicht beklagen kann. Michaela sucht jedoch nicht irgendeinen Mann. Sie sucht den Traummann. Den Mann fürs Leben, mit dem sie Kinder haben und alt werden möchte.

Kann er akzeptieren, dass sie eine gute Zeit lang in sämtliche Betten gesprungen ist und geswingt hat, ohne Benny Goodman gut zu finden?

Wird er ständig auf der Hut vor ihrem natürlichen Exhibitionismus sein müssen? Und wie wird sie reagieren, wenn er ihr klarmacht, dass er ihre Fähigkeiten, einen Mann zu verwöhnen, in einer monogamen Zweierbeziehung mit ihr erleben will? Wenn er mit ihr Hand in Hand in die Disco einlaufen will, mit dem sicheren »Traummanngefühl«, »Hey Jungs, das ist meine heiße Maus«.

Wird sie den Wandel schaffen und ihre Vergangenheit hinter sich lassen können? Ihre Vergangenheit, auf die sie durchaus stolz sein kann. Es ist immer eine Leistung, die Nr.1 in einem Business zu sein.

Wird sie ihren Weg in der Schauspielerei fortsetzen, mit »Dieter Faff« drehen und in einem Wim-Wenders-Film mitspielen, anstatt mit Männern in Turnschuhen zu drehen, die sich ihr nach einem lauwarmen Schluck Bier anbieten?

»Action, Gina. Action«, wird eine dauerhaft andere Bedeutung haben. Von Regisseuren ausgesprochen, die ihre Filme in Cannes und Venedig anbieten dürfen.

Und wo wird Michaela mit ihrem Mann wohnen? In der Schaffrathsgasse in Köln oder doch in einem Traumhaus auf Mallorca? Eines ist sicher. Michaela wird ihren Traummann finden, und er kann sich darauf freuen, eine hübsche, sehr attraktive Supermaus mit guten Zukunfsperspektiven zur Frau zu bekommen.

DAS MÄNNLICHE
AUSLAUFMODELL

Er ist kein bekennender Macho. Er ist ein bekannter Macho. Mit einer schwarzen Sonnenbrille sitzt der Schauspieler in der Talkshow und erwartet die Fragen der Moderatorin. Sie stellt ihn und seine Karriere in Filmausschnitten vor und hält fest, dass er auf Bösewichte abonniert sei.

Die Frage nach dem weichen Kern im eisern trainierten, stählernen Machopanzer schließt sich zwangsläufig an.

Der Schauspieler erzählt, wie er seine Frau kennengelernt hat. Er habe sie zwischen drei Frauen ausgewählt. Ausnahmslos Schauspielerinnen. Die eine sei ihm zu schüchtern gewesen, bei der anderen habe er wegen ihres Überzehs nicht gekonnt. Die dritte sei ganz nach seinem Geschmack gewesen. Fahrgestell und so weiter.

Er habe sie in einer Weltstadt wiedergesehen, nach ihrer Telefonnummer gefragt, und ein Jahr später habe er mit ihr ein Kind gehabt.

»Eine große Liebe sozusagen«, fügt die Moderatorin lächelnd an.

Der Macho setzt seine Sonnenbrille, die er kurzfristig abgenommen hatte, wieder auf. Er kann der hübschen Moderatorin nicht in die Augen schauen.

Eine Frage steht im Raum. Kann ein Macho überhaupt lieben oder hat er nur Fahrgestelle und so weiter zu bedienen?

Der Macho weicht der unterstellten Liebestheorie

der Moderatorin aus und leitet eine Performance ein. Er geht auf die Bühne, zu einem vorbereiteten Tischchen, auf dem drei brennende Kerzen stehen. Er dehnt seine Finger. Es knackt. Der Macho versucht, die Kerzen mit durch seine Hand erzeugtem Windhauch auszumachen. Er schafft nur eine Kerze. Die zweite verliert freiwillig ihren Schein, und die dritte macht er mit der Hand aus. Der Macho reckt die Arme nach oben, nimmt die Siegerpose ein. Spärlicher Applaus brandet auf.

»Macho Macho kannst net lernen ...«, ... sind leider um die Hasenlänge vorn ...«

Fendrichs Song klingt wie ein Plädoyer für Aufschneider, wie eine Absage an Männer mit Herz und Verstand.

Wie gut, dass echte Frauen auf Männer stehen.

VRONI, DER HEISSESTE STRASSENFEGER ALLER ZEITEN

Es ist schon wieder Herbst geworden. Die Blätter fallen. Doch das Lüftchen weht lau. Dieses schöne Herbstwetter nutzt die gut gebaute, schöne heiße Vroni, um auch etwas fallen zu lassen. Ihre Hüllen.

Vronis hübsches Gesicht sendet verführerische Blicke aus. Sie hat einen Traumkörper, alles an der richtigen Stelle, wohl proportioniert. Die Brüste haben die richtige Größe, eine gute Handvoll, und sind besonders schön. Die Pobacken sind straff, Marke Birne Helene, zum Reinbeißen süß.

Sie sucht einen neuen Freund, einen, der sie ganz verliebt anschaut, der ihre Stimmung steigen lässt, dem sie sich zu Füßen legen kann.

Die Bäume erstrahlen in ganz neuem Licht. Sie gibt ihre besten Aussichten preis, zieht den weißen Strickpulli hoch, den weißen BH runter und legt ihre Äpfel frei.

Vroni ist wie frisches Obst. Einfach lecker. Sie möchte, dass er mit ihr kommt, und sie zusammen die Treppen hinauf ins Paradies steigen können. Heute muss es passieren, denn die Leidenschaft ist groß.

Sie legt nach und zieht ihr kurzes schwarzes Höschen über die schwarze Strumpfhose, über die Stiefel, um es zu präsentieren. Sie läuft die Treppen hoch, spielt mit ihrem polangen schwarzen Haar. Sie dreht sich wie ein Wirbelwind. Die schönen Haarspitzen fallen wieder und wieder auf ihre Pobacken, bewegen sich in deren Wackelrhythmus mit.

Vroni schenkt ihrer Umwelt nochmals verführerische Blicke. Es wird noch vor Weihnachten einer kommen, der sie in seine gute Stube mitnimmt.

YOUNG GIRL,
GET OUT OF MY LIFE

Schon lange hat kein Mensch mehr etwas Persönliches von mir gewusst, und jetzt steht da so eine Jungkellnerin vor mir und weiß, obwohl 100 Gäste im Café sitzen, was ich trinke.

»Bei Ihnen kommt eine Cola, stimmt's?«, sagt sie.

»Schön, dass Sie sich das gemerkt haben«, sage ich begeistert.

Ich juble innerlich. Hey, ist das schön, dass eine junge Kellnerin weiß, was ich gerne trinke. Klar war ich schon öfter dort, und dennoch ist es sehr aufmerksam von ihr, meine Trinkgewohnheiten zu kennen. Sie tippt die Bestellung in ihr Gerät, in ihr kleines Café-Navigationssystem und schenkt mir ein Lächeln.

Sie mag mich, denke ich und schaue ihr nach. Ich bin Single, da sollte man jede weibliche Sympathiewelle, die einen erreicht, wahrnehmen.

Die Kellnerin ist zu jung. Sie wird wohl gerade erst 20 geworden sein. Gut, Opa hat immer gesagt, dass »die jungen Dinger«, wie er sich ausdrückte, von selbst älter werden würden.

Wo er recht hatte, da hatte er recht. 15 Jahre Altersunterschied, von einer jungen Frau aus gesehen, sind jedoch bei weitem zu viel.

Sie kommt aus dem Café, meine Cola auf dem Tablett. Sie erzählt mir, dass sie auf dem Cannstatter Volksfest gewesen sei. Es sei ganz gut gewesen, bis auf die zu sehr beim Alkohol Beheimateten, die Männlein wie Weiblein, mit Beatmungsgeräten notversorgt werden mussten.

Sie streicht sich mit der Hand durchs Haar und spricht ein besonders süßes Schwäbisch, und die Kombination, der Hairflip und die Sprache, ist reizvoll.

»Young girl, get out of my life«, denke ich.

Ich gebe ihr ordentlich Trinkgeld, und sie macht einen Hofknicks. Mein Gott, ist sie süß.

Young girl, get out of my life. Es wäre dennoch schön, wenn sie sich nächstes Mal auch den Erdbeerkuchen merken könnte, den ich gerne esse.

Young girl, get out of my life.

BLONDINEN
HABEN MEHR SPASS

Die Frage, warum es offene Sportwägen gibt, lässt nur eine schlüssige Antwort zu. Damit die langen Haare der Blondine, die auf schnelle Autos steht, im Fahrtwind wehen können.

Sollte die Blondine nicht nur Beifahrerin sein, sondern das Steuer selbst in die Hand nehmen, so ist es unerlässlich, dass sie eine CD mit den besten Hits der 80er Jahre einwirft. Den Zeigefinger mit dem rotlackierten Fingernagel am geöffneten CD-Player ansetzen, mit der Fingerkuppe einen Schubs geben, und dem Hörgenuss steht nichts mehr im Wege.

Danach sollte sich die Blondine eine schwarze, getönte Sonnenbrille aufsetzen, um einer gewissen Coolness zu entsprechen. Um ihre Haare muss sie sich keine Sorgen machen.

Wenn sie den Test mit der Flugreise bestanden, und beim Zwischenstopp in Rom der Windböe die kalte Schulter gezeigt hat, so ist sie auch für die Fahrt mit dem offenen Sportwagen gewappnet.

Die Männer werden sich am Straßenrand die Füße plattstehen. Vermutlich wird die Blondine jenem ein cooles »Steig ein« entgegenhauchen, der den längsten und dicksten Daumen hat.

AUF DEN HUND GEKOMMEN

Wenn es Sommer wird, fahren kurzhaarige Blondinen mit schwarzen Sonnenbrillen in offenen, roten Sportwägen auf den Straßen. Meistens hat ein gepflegter weißer Hund in Sitzhaltung als Beifahrer auf der verstellbaren Polstergarnitur des fahrbaren Untersatzes Platz genommen.

Als Verkehrsteilnehmer, an dem die sportlich fahrende Blondine vorbeirauscht, werde ich immer kurzfristig auf den Hund neidisch. Der hat es aber gut, darf neben einem attraktiven Frauchen sitzen, zischt mir ein Gedankenfetzen durch die Gehirnwindungen. Ich weiß, dass es auf andere Geschlechtsgenossen absolut Eindruck macht, wenn man neben einer schwarze Sonnenbrille tragenden Blondine sitzend im offenen Sportwagen an ihnen vorbeifährt. Natürlich darf man selbst keine Sonnenbrille auf der Nase sitzen haben, weil die Wahrscheinlichkeit, von den anderen als über die Landschaft rollender Glückspilz erkannt zu werden, gegen Null tendieren würde. Schließlich möchte man auf die neidvollen Blicke und die vor Überraschung erstarrten Gesichter ungern verzichten.

Als ich einmal kurzfristig mit einer blonden Dorfschönheit liiert war und in ihrem schwarzen Golf GTI neben ihr sitzend durch das Dorf brauste, in dem sie wohnte, standen die Jungbauern am Straßenrand und richteten die Mistgabeln auf die Seitentüre.

»Gib schnell Gas«, diese berühmten drei Worte aus meinem Mund, haben uns damals vermutlich vor dem sicheren Tod durch Lynchjustiz bewahrt.

Frauen, die einmal auf den Hund gekommen sind, können sich nicht über ihren tierischen Besitzer beklagen. Der beste Freund des Menschen würde niemals sein Frauchen wegen eines leichten Fahrfehlers anbellen oder ihr gar ins Lenkrad greifen. Die Frauen kommen ohne »männlichen Fahrlehrer« aus. Um die goldenen Regeln für weibliches Fahrvergnügen mit eingebauter Garantie auf den Punkt zu bringen, bedarf es nicht viel. Vor Fahrantritt das Schiebedach komplett zur Quetschkommode verwandeln, dem Hund die Beifahrertüre öffnen, ihm ein energisches »Sitz« in die Gehörgänge »flüstern«, Sonnenbrille aufsetzen, nach »Sunshine Reggae« »Suburbia« von den Pet Shop Boys mit dem Hundegebell am Anfang des Songs einlegen, damit »Bella Stella« sich auch wohlfühlt, Gas geben, sich den Wind um die hübschen Ohren wehen lassen und die Freiheit genießen.

LÄNGER AUTO FAHREN WEGEN ANDREA BERGS MUSIK

Es ist Sonntag morgen. 11.15 Uhr. Die Sonne scheint, der Himmel ist blau. Es wird ein schöner Tag werden. Ich bin zum Essen eingeladen, muss mit dem Auto 20 km weit fahren und mache mich auf den Weg. Schon lange kann ich nicht mehr ohne Musik Auto fahren, ich brauche sie, um die Tücken des Straßenverkehrs besser zu bewältigen. Ich werfe die besten Hits von Andrea Berg, der zauberhaften Schlagerkönigin, ins Cassettendeck und fahre los.

Ich habe auch vor, nicht nochmal zu sterben, da wird die erste Ampel rot. Ich halte an. Nein. Heute abend mag ich nicht tanzen gehen. Ich habe derzeit keine Freundin, und alleine tanzen macht keinen Spaß. Schönes Lied. Trotzdem. Die Ampel wird grün und mir wird klar, dass mich meine letzte Freundin wirklich tausendmal belogen hat. Ich bin da längst drüber weg. Scheinbar? Nein. Wirklich. Ich habe große Sehnsucht danach, mit einer jungen Frau, die wirklich zu mir passt, barfuß durch die Nacht zu laufen. Warum nur träumen? Es soll Realität werden. Sie, die jetzt noch gar nicht weiß, dass es mich gibt, wird meine Gefühle wecken, und ihr Blick wird mich berühren.

Ich komme an einer Baustelle an, und die Bauarbeiter haben einen Zickzackkurs aufgestellt. Der Straßenbelag ist neu aufgetragen worden, und ich bewältige dieses »schwarze Labyrinth« mit Bravour.

Ich träume vom Kilimandscharo, auf dem im Sommer noch Schnee liegt, und was das für ein Erlebnis wäre, mit der jungen Dame meines Herzens dort oben zu stehen und den Ausblick zu genießen. Vielleicht versteht mich da jemand. Sie wäre die Frau, eine, die Schönheit nicht als Tarnung benutzt. Das wäre sehr von Vorteil.

Nur mit einer aufrichtigen, ehrlichen, authentischen Maus mag ich bittersüße Zärtlichkeiten austauschen. Mit ihr würde ich nicht nur einen Tag im Paradies verbringen wollen. Ein Leben lang durch Himmel und Hölle, in guten und in schlechten Tagen. Das ist es, was ich mir wünsche. Ich hoffe auf ein kleines Wunder, denn ich bin schon länger als ein Jahr Single. Ich biege auf die B 29 ein und schaue auf zum Himmel. Heute wird kein Schiff kommen. Sorry, Andrea. Du hast das anders gemeint, mit dem Schiff. Ich weiß es.

Ich bemerke, dass mit Andrea Bergs Schlagern meine Toleranz, rasenden Autofahrern gegenüber steigt. Ich unterlasse die Schimpfwörter, die ich eigentlich für sie bereit habe. Da es im Auto warm ist, öffne ich etwas die Fensterscheiben. Der Wind weht mir um die Ohren. Ich bin mir sicher, dass ich ihr irgendwo im Sommerwind begegne, und ich werde mich freuen wie ein kleines Kind, endlich die Richtige gefunden zu haben.

Und wenn sie eines Tages von mir gehen sollte, dann lass' ich mein Herz bei ihr. Ich denke an Andrea Bergs Auftritt in Böblingen. »Und wenn ich geh, lass ich mein Herz bei euch. Und wenn ich geh, bum bum bum bum, und wenn ich geh, bum bum bum bum. Das Lied klingt langsam aus. Gänsehautatmosphäre.

War das schön damals. 11.35 Uhr. Eigentlich wäre ich gleich am Ziel meiner Fahrt. Ich bin erst um 12 Uhr zum Essen eingeladen. Ich habe noch etwas Zeit und nehme sie mir für Andrea Bergs Musik. Ich nehme die Ausfahrt und fahre einen langen Umweg, der meine Strecke verdoppelt.

Ich spule die Cassette zurück und höre mir alle Lieder nochmals an. So schöne Musik könnte ich den ganzen Tag lang hören. Ich fühle mich gut und mein Verhalten als Verkehrsteilnehmer wird optimal. Ich lasse andere Autos einfädeln, halte rechtzeitig am Zebrastreifen an, erlaube auf der Vorfahrtstraße anderen Autos einzumünden, obwohl ich nicht muss. 11.55 Uhr. Fünf Minuten vor Zwölf komme ich an. »Und wenn ich geh, bum bum bum bum. Und wenn ich geh, bum bum bum bum.« Ich schließe die Augen und lasse das Lied ausklingen. Bis zum letzten Ton. Ein paar Tränchen kullern mir über die Wangen. Es ist einfach schön, Andrea Bergs Musik hören zu dürfen.

Ich lasse die Cassette gleich drin. Ich werde dich wieder aktivieren, liebes Deck. Vielleicht noch heute. Ich steige aus und freue mich auf ein leckeres Mittagessen. Die Sonne scheint, der Himmel ist blau. Es wird ein schöner Tag werden. Ganz sicher.

AM TAG, ALS MAX RAABE SAMT PALASTORCHESTER IN WAIBLINGEN GASTIERTE

Ich war Mitglied einer Autorengruppe, und unser Boss mit den meisten Beziehungen hatte für uns eine Lesung organisiert. Sie fand in einem alten Gewölbekeller statt, in dem auch Ausstellungen und Weihnachtsfeiern abgehalten wurden. Wir wussten, dass wir an jenem Tag nicht die einzigen Künstler in der Stadt waren. Max Raabe mit Palastorchester baten »erneut um Gehör«.

Während wir im Waiblinger Wochenblatt unter »Vorträge« dreizeilig als Autorengruppe erwähnt waren, hatten Max Raabe mit Palastorchester eine halbe Seite mit fetter Schlagzeile und großem Foto.

Er war inmitten seines zwölfköpfigen Orchesters abgebildet. Wie aus dem Ei gepellt stand er aufrecht neben seinem Standmikrophon. Der Anzug schwarz, das Hemd blütenweiß, mit einer Fliege am Stehkragen, die schwarzen Schuhe frisch geputzt.

Mit zurückgekämmtem Haar, liebenswerten Segelohren und verschmitztem, schelmenhaftem Blick aus den Augenhöhlen seines jungen Gesichts war er auf der Bühne das Original aus einer anderen Welt, aus einer anderen Zeit schlechthin.

Neben ihm saß Michaela Hüttich, erste Geigerin und einzige Frau des Orchesters, im Look der 20er Jahre.

Sie trug blauen Kopfschmuck, ein mit Federn bestücktes Kleid, weiße Strümpfe und weiße Schuhe.

Im Bericht war zu lesen, dass Max Raabe mit Palastorchester im größten Saal des Bürgerzentrums spielten, wo auch bekannte TheaterschauspielerInnen gastierten. Ich war mir sicher, die Leute würden zur Vorstellung strömen, um zu erfahren, was er ohne sie war, was der Maier auf dem Himalaya machte, um die ganze Welt himmelblau zu sehen, um unter einen Regenschirm am Abend entführt zu werden.

Ich stellte mir vor, wie die Roadies mit einem Lastwagen das gesamte Equipment ankarrten. Auch ohne um die Bekanntheit eines Max Raabe mit Palastorchester zu wissen, würde man nie auf die Idee kommen, Siebenstein sei zu Gast. Das zweite »a« machte den Unterschied aus. Der Meister persönlich würde mit einer sechstürigen Limousine vorfahren, als erster aussteigen, als Gentleman seiner ersten Geigerin die Türe öffnen und die Hand küssen. Die anderen 10 Musiker hatten mit Privat-PKWs anzureisen.

Wir spielten im »Kleinen Haus«, vor erlesenem Publikum. 12 Leute handgezählt. Das Dutzend war voll. Immerhin. Zum Auftritt mussten wir mit öffentlichen Verkehrsmitteln, Privat-PKWs oder dem Drahtesel kommen. Notfalls auch laufen.

Bei unserer Autorengruppe kam kein Konkurrenzgedanke auf. Musik und Literatur waren zwei verschiedene Kunstrichtungen. Die Stadt war groß genug für alle.

Außerdem war es eine Ehre, am selben Tag in derselben Stadt wie Max Raabe auftreten und einen Hauch von Großstadt und großer weiter Welt in der Provinz spüren zu dürfen.

Die »Palastmusik« hatte besonderen Flair. Melodien aus Tanz und Film der 20er, 30er und 40er Jahre. Gefühlvoll, mit Witz und schräger Lebendigkeit.

Eine Frage blieb nach der Lektüre des Waiblinger Wochenblattes. Gastierten Max Raabe und das Palastorchester oder Max Raabe und sein Palastorchester?

IM GRUNDE SEINES HERZENS IST ER EIN SCHUHVERKÄUFER

Ingo beobachtet eine schöne junge Frau, die im Café sitzt, und sich mit einer guten Freundin unterhält. Sie trägt einen kurzen schwarzen Minirock, schwarze Strümpfe und flache Schuhe. Sie hat schöne schlanke Beine und reibt ihre Oberschenkel aneinander. Sie streift die Schuhe von den Füßen, hebt die Beine etwas an und stellt die Füße im Stile einer Ballett-elevin senkrecht. Die Füße reiben und reiben aneinander. Reibung erzeugt Wärme, und so hat Ingo einen hochroten Kopf bekommen. Er findet die Füße der jungen Frau toll, das gesamte Bild, das sich ihm bietet, ist für Ingo hocherotisch und sexy. Er steht auf einen schönen schlanken Frauenfuß, ohne gleich ein Feti zu sein.

Im Grunde seines Herzens ist er schon immer ein Schuhverkäufer gewesen.

ALS ANTWORT AUF PSEUDOWISSENSCHAFTLICHE PHRASENDRESCHEREI GEDACHT

Ein Beauty-Forscher sitzt im TV und erzählt dem Interviewer, dass groß gewachsene, starke und schöne Menschen den Erfolg gepachtet hätten. Die Aura, die Ausstrahlung, der äußere Wert sei es, der zähle. Die Menschheit sei seit jeher so gepolt. Eine gesunde schöne Ausstrahlung ist also die Erfolgsformel. Schönes Gesicht hoch zwei mal Körpergröße hoch zwei ist gleich dauerhafter Erfolg hoch zwei.

Ich werde beim Zuhören nachdenklich. Da läuft also ein groß gewachsener Schönling durch die Stadt, hat zwei Millionen geerbt und ist erfolgreicher einzustufen als der Calgon-Experte mit der Glatze, der sich täglich dafür einsetzt, dass die Waschmaschinen der Hausfrauen nicht verkalken? Das kann nicht angehen.

Ich denke, ich rufe da jetzt mal kurz an und sage denen, dass man so etwas nicht verbreiten kann. Die Sendung ist sicherlich eine Konserve, eine Aufzeichnung. Da kann man nicht anrufen.

Äußere Werte zählen bei mir nur in der Kombination mit inneren Werten. Soll ich dir mal sagen, was das ist, lieber Beauty-Forscher? Charme, Humor, Intellekt, Hingabe, Einfühlungsvermögen. Nicht verstanden? Dann schluck weiter deine Pillen für alles mögliche, damit deine Schale stimmt.

Die Rollen sind nicht immer so eindeutig verteilt,

wie du denkst. So mancher Bundeskanzler ist bestimmt nicht der Schönheit wegen in Amt und Würden gekommen, und eine etwas füllige Frau mit Herz, die mich mit Leidenschaft und Hingabe verführt, dass mir hören und sehen vergeht, ist mir lieber als so eine megaschlanke gestylte herzlose Braut, die sich nebenher die Nägel feilt.

Der schöne Macho ist nicht immer der Größte und der Sensible nicht immer der »Zuhörtyp« der schönen Frauen. Auch Woody Allen hat schon tolle Frauen gehabt. Man denke nur an Diane Keaton.

Ich summiere, lieber Beauty-Forscher. Die inneren Werte sind sehr wichtig und jenen, denen sie gänzlich fehlen, sei eine bittere Wahrheit auf das Tablett ihres oberflächlichen Daseins serviert. Sie sind mit materiellen Dingen weder zu kompensieren noch zu ersetzen.

MODE IM QUADRAT

Im Einkaufszentrum einer schwäbischen Kleinstadt buhlen auf einer Fläche von 40 Quadratmetern vier Modeläden um Kundschaft. Jener links außen wartet mit einer Neueröffnung auf. Zum dritten Mal in kurzer Zeit hat dieser »Fashion Store« den Besitzer gewechselt. Der neue Name ist eine geniale Wortschöpfung, bestehend aus dem englischen Wort für »sein« und der einstigen Fußballsendung mit den drei Buchstaben auf SAT.1. Eine Dame mit roten Haaren, vermutlich die Chefin, schiebt Stangenware vor die Ladentüre, die sie wenige Minuten später wegen Regens wieder in den Ladeninnenraum räumen muss. Eine andere, sehr dicke Frau, ebenfalls im Store beschäftigt, stellt drei mit dem neuesten Schrei ausstaffierte, magere Puppen ins Schaufenster und zeichnet sie mit gedruckten Preisschildchen aus. Wenn man durch die geöffnete Ladentüre schaut, fällt einem ein großes Poster ins Auge. Da ist ein leckeres schokobraunes Mädchen mit Brauselocken drauf. Der weiße Look stellt einen reizvollen Kontrast zu ihrer Hautfarbe dar. So muss das Topmodel Iman ausgesehen haben, als es David Bowie kennenlernte. Die ersten Damen kommen, um zu schauen, was es mit dem neuen Laden auf sich hat. Vielleicht gibt es da einige Schnäppchen zu machen.

Der zweite Store in der Modeladenviererkette wird gerade umgebaut. Ein paar Maler streichen den Ladeninnenraum neu, drei Gipser mit witzigen weißen Hütchen auf dem Kopf kümmern sich um die Häuserfassade. Als »Schumi« den grünen Schriftzug des werbetechnisch etwas skandalträchtigen, qualitativ jedoch exquisiten Modeausstatters mit den »vereinten Farben« auf seinem Formel-1-Wagen hatte und noch überraschend Weltmeister wurde, war die Bereitschaft größer, sich in der Provinz langfristig niederzulassen.

Ein Laden, der umgebaut wird, stellt vorübergehend keine Konkurrenz dar. Das weiß auch die Chefin des dritten Stores, dessen Namen sich aus dem Vornamen des jungen Twist mit einem kleinen »s« davor zusammensetzt. Der Laden sieht keineswegs verwaist aus. Im Schaufenster hängt ein großes Plakat mit einem recht ansehnlichen Milla-Jovovich-Verschnitt drauf. Dort ist sie wenigstens vor den bissigen Killerhunden sicher, die in einer schwäbischen Kleinstadt erst importiert werden müssten. Man könnte sie auch dem Hunde-Cast des Peter-Greenaway-Films »Der Koch, der Dieb, seine Frau und ihr Liebhaber« entleihen. Resident evil, resident evil.

Zwei mit hochgeschlossener Frühjahrsmode gekleidete Schaufensterpuppen, bei denen man den Verdacht hat, dass sie von der Winterkollektion übriggeblieben sind, leisten dem großen Plakat Gesellschaft.

Auf dem vierten und letzten Laden steht »Boutique« drauf. Diese Bezeichnung scheint für den Store essenziell wichtig zu sein. Die Stangenware steht geschützt im Torbogen, was die Besitzerin des Ladens mit der genialen Wortschöpfung zur Weißglut treiben dürfte.

Das Schaufenster ist attraktiv gestaltet. Drei Ladies in Red stehen mit wundervollen Frühlingskleidern in der Auslage. Die Preisschildchen sind in bewundernswerter Plakat-Schönheit von Menschenhand versehen.

Die Chefin, deren blonder Sex-Appeal mit jenem einer Marilyn Monroe durchaus konkurrieren kann, steht zigarettenrauchend vor der Ladentüre und wartet auf Kundschaft. In einer schwäbischen Kleinstadt sind nicht täglich Massenumsätze zu erwarten. Auf den Königsalleen des »Bochum des Rems-Murr-Kreises« finden zu selten Modenschauen statt. Unwahrscheinlich ist auch, dass »Fashion Creator« Karl Lagerfeld aus dem Nichts auftaucht. Mailand, London und New York sind weit weg. Der ungeschützte Marktplatz einer schwäbischen Kleinstadt wäre für seinen Fächer mit Sicherheit zu windig.

Ein Kunde kommt in Sichtweite. Die Zigarette fällt auf den Boden und wird von den Pumps der Chefin ausgedrückt. Bedienen ist angesagt.

MANCHE DINGE IM LEBEN SIND WIRKLICH SICHER WIE DAS AMEN IN DER KIRCHE

Sie haben immer gesagt, alles im Leben zu haben sei nicht so wichtig. Nun haben sie alles.

Das Ehepaar sitzt in ihren Häusern, Haupthaus, Wochenendhaus, Ferienhaus, und es will so recht keine Freude aufkommen. Sie lieben sich nicht. Der Mann seine Frau nicht, weil sie seine Wünsche zu selten erfüllt hat. Die Frau ihren Mann nicht, weil sie wegen seiner Grobheit zunächst ständig Migräne hatte, dann komplett frigide wurde. Maßregelungen und Sticheleien sind an der Tagesordnung, und wenn er während der Tagesschau, bei den Wirtschaftsmeldungen, »Ruhig jetzt!« brüllt, und sie sich beim Wetter mit einem »Ruhig jetzt!« revanchiert, ist es nie ruhig, weil immer jemand »Ruhig jetzt!« brüllt.

Offiziell sind sie niemandem neidisch, weil sie alles haben. Alles, was man sich kaufen kann. Manchmal bezeichnen sie die Nachbarn, die in Miete wohnen müssen, als »arme Würstl«. Der Nachbar ist schon zum fünften Mal in seinem Leben ohne Arbeit, aber Maßregelungen und Sticheleien haben er und seine Frau nicht nötig. Manchmal wird die lieblose frigide Frau grün vor Neid, wenn sie morgens auf der Straße der Nachbarin begegnet, die mit ihrem Mann in Miete lebt. Richtig glücklich sieht sie aus, weil sie mit ihrem Mann ein einfaches Leben lebt. Materiell nicht immer gut gestellt, aber glücklich und zufrieden. Auch im Bett.

Das Ableben fürchtet das Ehepaar wie die Pest, weil sie selten wirklich gelebt und ihr Leben in reiner Pflichterfüllung erstickt haben. Das Erbe ist geregelt. Niemand bekommt etwas. Kinder haben die lieblosen Eheleute nie gewollt.

ZEIT FÜR EIN GESPRÄCH

Ich esse dein Eis. Ja. Eigentlich ist es deins, weil es dir ein aus dem Einkaufszentrum gekommener Mann aus einiger Entfernung etwas respektlos in den Hut geworfen hatte. Ich hatte dir auch etwas in den Hut geworfen. Einen Euro. Du hast dich bei mir bedankt und das Gespräch gesucht. Du hast mir gesagt, dass du dich über jedes Geld freust, seit 14 Jahren Platte machst und gerne dein Bier trinkst. All das sei ehrlicher als zu stehlen. Ich habe dir zugehört, dich so akzeptiert, wie du bist, ohne dich zu belehren. Du hattest mir gesagt, dass es für dich wichtig ist, so akzeptiert zu werden, wie du bist. Dein Wunsch war mir Befehl.

Ich esse dein Eis. Es ist lecker. Eigentlich ist es deins, aber du hattest gesagt, dass es an diesem relativ warmen Februartag in deinem Rucksack schmilzt. Vielleicht hätte ich Kinder, hast du gesagt.

Du hast gegeben, obwohl du auf das Nehmen mehr angewiesen bist als ich. Ich habe dich nach der genauen Uhrzeit gefragt und du hast sie mir gegeben. Ich musste zu einem Geburtstag und wollte pünktlich sein. Ich habe dir alles Gute gewünscht und bemerkt, dass ich dich die ganze Zeit gesiezt habe. Als ich weiterlief war ich dankbar, dass wir beide Zeit für dieses Gespräch gefunden hatten. Von Mensch zu Mensch.

DAS TELEGIRL

Ein als Penis verkleideter junger Mann schenkt Ronald auf einer Erotikmesse ein Feuerzeug.

»Vielen Dank. So etwas fehlt noch in meiner Utensiliensammlung. Damit werde ich bestimmt viel Spaß haben«, sagt er. Der Penis lächelt. Jetzt hat Ronald ein Feuerzeug mit einem original Telegirl drauf. Er schaut sich den Aufdruck an. Das Telegirl räkelt sich reizvoll auf dem flachen Boden und sieht phantastisch aus. Es hat langes, schwarzes Haar, ein paar perfekte Brüste, einen flachen Bauch, und die verdammt langen Beine wirken durch die Overkneestiefel noch länger.

Ronald beneidet das Telegirl. Einmal im Leben möchte er einfach so daliegen und sich der Ausstrahlung seines Körpers bewusst sein. Das Geld käme direkt auf sein Girokonto. Man würde ihn nicht mehr danach fragen, ob er gebildet ist, ein Studium oder eine abgeschlossene Lehre vorzuweisen hat. Der Traum zieht an ihm vorüber. Ronald muss weiterhin Schüler unterrichten und damit sein Geld verdienen. Dabei könnte alles so einfach sein. Wäre er bloß als Telegirl auf die Welt gekommen.

KALTES AUS DEM WASSERHAHN

Die Vorstellung, dass ihn eines Tages ein kalter Strahl aus dem Wasserhahn retten würde, war Jörg stets unangenehm. Er arbeitete als Buchhändler und stand vor einem Regal, um Bücher einzuräumen, als ihn eine attraktive Frau ansprach.

»Guten Tag, junger Mann, könnten Sie mir freundlicherweise helfen?«

Jörg errötete. Die Frau sah sehr sexy aus. Sie hatte langes blondes Haar, große blaue Augen, eine schlanke Figur und trug einen Minirock, Netzstrümpfe und schicke Pumps. Ihr Parfüm duftete außerordentlich gut, und aus ihrem Mund wehte Jörg ein warmer, einladender Hauch entgegen.

»Gerne. Was kann ich für Sie tun?«

»Ich suche einen guten Roman.«

Jörg konnte sich plötzlich nicht mehr an gute Romane erinnern. Die Präsenz der Dame war dermaßen überwältigend, dass er an ein erotisches Abenteuer mit ihr dachte.

Er stellte sich vor, wie sie ihn unterhalb seiner Hüften mit ihrem kirschroten Mund und ihrer samtweichen Zunge verwöhnte, und bekam eine Erektion dritten Grades.

»Entschuldigen Sie bitte, ich bin neu hier, da muss ich Sie an meine Kollegin verweisen.«

Jörg rief seine Kollegin, Frau Link, herbei. Sie empfahl meistens Romane ihrer Namensvetterin, der Bestsellerautorin Charlotte.

Jörg zog seinen Pulli so weit es ging über seine Jeans und spurtete auf die Toilette. Er hielt seinen kleinen Kameraden, der sich mächtig aufgebäumt hatte, unter den Wasserhahn. Ein Strahl kalten Wassers war seine letzte Rettung. Danach ging es ihm wieder richtig gut. Jörg sah, dass die Dame sich bereits zum Bezahlen an der Kasse angestellt hatte. Mit einem Roman von Charlotte Link in der Hand stand ihr die »Sturmzeit« noch bevor, wohingegen er sie bereits hinter sich hatte.

Charlotte Link schrieb den Roman »Sturmzeit«

STRESSABBAU

Fredi und sein bester Freund Uwe hatten sich für einen Männerabend verabredet. Im Kino einen Film anschauen, hautnah Zeuge Arnies von der Kinoleinwand herunterdonnernder »Aktschn« zu sein, ein bisschen Popcorn auf die Ablage streuen, die eine Hälfte essen und mit der anderen, liegen bleibenden die Putzfachkräfte ein wenig auf die Palme bringen, eine eisgekühlte Coke zischen, den Single-Mädels links und rechts der ihnen zugeteilten, nummerierten Sitze ein quadratisches Eiskonfekt anbieten und anschließend im Bistro um die Ecke ein oder zwei Bierchen trinken.

Uwe sollte Fredi um halb acht Uhr abholen, keine Sekunde früher, da er ihn eine Sekunde früher in den letzten Zügen seines Ankleidemarathons überrascht hätte.

Fredis Rendezvous mit dem Kleiderschrank, das dazu diente, seinen durchtrainierten, nahezu gestählten Körper der Umwelt passend angezogen zu präsentieren, begann stets eine Stunde, bevor Uwe kam.

In blauen Jeans und mit schwarzen Schuhen, den beiden Festgrößen seines Outfits, stand er vor dem von seiner Großmutter geerbten, etwas altmodischen, mit verzierten Schnörkeln an den vorderen Oberkanten versehenen Kleiderschrank, der verschlossen war.

Fredi drehte den Schlüssel einmal im Schloss und öffnete die etwas knarrende Schranktür. Die Kleiderstange im Innenraum des Schrankes war voll mit aneinandergereihten, behangenen Kleiderbügeln. Er entschied sich zunächst für die klassische Oberbekleidung. Schwarzes Shirt und schwarzes Sakko. Das Shirt hatte Fredi im Versandhandel, zusammen mit fünf anderen, im Sechserpack, billig geordert, und das Sakko hatten ihm seine Eltern zum Berufsantritt in der Versicherungsanstalt spendiert. Er stellte fest, dass das Shirt aufgrund seiner enormen Dehnbarkeit noch passte, das Sakko war jedoch zu eng, drohte aus allen Nähten zu platzen.

Mit einem zielsicheren Griff holte er das zweite Sakko, das er sein eigen nennen durfte, ein braunes, das ihm seine ex-Freundin zum 25.Geburtstag geschenkt hatte, aus dem Schrank, bemerkte allerdings schnell, dass es nicht in Frage kam.

Eine hässliche Falte, ein Überbleibsel aus jener Zeit, als er dachte, man könnte, wenn kein Bügel griffbereit ist, so ein Sakko notfalls auch wie ein Sweatshirt zusammenlegen, verhinderte das rasche Ende seines Ankleidevorgangs, ließ ihn sich zu einem längeren Prozess ausweiten.

Es war September, der Herbst klopfte bereits an der Türe, und er probierte seine weinrote Übergangsjacke an. Sie schied ebenfalls aus, da die Ärmel etwas zu kurz geraten waren.

Einige Fasern des schwarzen Shirts fingen an zu kratzen. Fredi zog es aus, streifte ein ärmelloses weißes Unterhemd und einen mausgrauen Pullover über und versuchte es mit einem ärmellosen hellblauen Jäckchen als Überjacke.

Plötzlich klingelte es an der Haustüre. Uwe tauchte zehn Minuten zu früh auf. Als er sah, wie viele

Kleider auf Fredis Bett lagen, ließ er sich zu einem lockeren Spruch hinreißen.

»Sag mal, Fredi, du stellst dich an wie ein Weib.«

»Sieht das, was ich anhabe, gut aus, Uwe?«

»Deine Eitelkeit in Ehren, aber beim Schwarzenegger-Film wird das Kino ausverkauft sein. Wir sollten uns schleunigst auf den Weg zum Filmpalast machen«, sagte Uwe.

Fredi ignorierte die mahnenden Worte seines Freundes, legte sie als eilige Hetzerei aus, auf die er nicht einzugehen gedachte, stellte sich vor den großen Wandspiegel seiner 2-Zimmer-Wohnung und kam sich unpassend gekleidet vor.

»Ich sehe aus wie ein Proll aus den 80ern. So gehe ich nicht ins Kino«, sagte Fredi.

»Komm, lass uns gehen, sonst stehen wir am Ende der Kassenschlange«, machte Uwe etwas Druck.

Plötzlich peitschten dicke Regentropfen gegen die Fensterscheiben. Fredi korrigierte seinen Laufweg, rückte vom Kleiderschrank ab und bewegte sich zum sich hinter der Glastüre befindenden, kleinen Vorraum, den man als Abstellraum benutzen konnte. In dessen Eck, das zwischen der Verlängerung der Eingangstüre und länglicher, zur Wohnung führender Wand einen rechten Winkel bildete, befand sich ein Regenschirm. Fredi nahm ihn zur Hand, inspizierte ihn genauer und bemerkte, dass zwei der Streben ausgefranst waren. Ein Sicherheitsgriff ging zu seiner linken Hosentasche, in der er seinen Hausschlüssel aufzubewahren pflegte. Seine linke Hand spürte ein mehr als gebrauchtes, zerfleddertes Taschentuch, dessen Vierlagigkeit der

Belastung durch aus der Nase Ausgeschiedenes nicht mehr standgehalten hatte.

Fredi bekam schweißnasse Hände. Binnen kurzer Zeit hatte er drei Probleme zu lösen, und alles, was Uwe tat, war grinsend vor ihm zu stehen. Er wippte ungeduldig mit dem linken Fuß und schaute auf die Uhr.

Das Telefon schellte. Inga, Fredis aktuelle Freundin, war dran, und teilte ihm mit, dass sie aus ihrer Beziehung kurzfristig auszusteigen gedachte. Sie benötigte, wie sie es formulierte, eine längere Auszeit.

Der Zeitpunkt war gekommen, ins Bad zu rennen, und wie Klaus Kinski in »Fitzcarraldo« »Ich will mein Opernhaus« zu brüllen.

Fredi unterließ es, da er wusste, dass im Bad kein Pickel war, mit dem er die Duschwanne so hätte zertrümmern können, dass die einzelnen Bestandteile durch die Saiten eines Tennisschlägers hätten gesiebt werden können.

Außerdem fehlte eine Turmglocke, an der Fredi hätte bimmeln können, dass die Aktion richtig krank ausgesehen hätte. Einen auf Kinski zu machen, kinskiesk zu wirken, ohne ein Leben in Rage zu führen, erschien ihm lächerlich.

Fredi ging zur Schranktüre, warf sie lautstark zu, drehte den Schlüssel einmal herum und zeigte Uwe mit einer eindeutigen Handbewegung an, dass es Zeit zum Aufbruch war.

Als 80er-Jahre-Proll angezogen im Kino Einlass zu bekommen war geil, den neuen Schwarzenegger schauen geiler, und mit einem Mädel, dem er im Kino ein Eiskonfekt angeboten hatte, nachdem er Uwe »abgeschüttelt« hatte, in stockdunkler Nacht, gegen einen erhellenden Laternenpfahl gelehnt, stunden-lang bis zum Einbruch der Morgendämmerung zu knutschen, am geilsten.

TYPISIERT

Seine Freundin, seine große Liebe, hatte ihn verlassen. Obwohl es schon über ein Jahr her war, litt er immer noch darunter. Seine Freundin, seine große Liebe. Da konnte er sich nach 10 Jahren des Zusammenseins nicht einfach schütteln und weitergehen. Sie hatte den wunderschönen Namen Marie-Christine getragen. Peter hatte jenen Restbestand an Weinerlichkeit in sich, den Männer besser für sich behalten und verschweigen.

Er stand an einer Ampel. Die Rotphase dauerte länger als sonst. Plötzlich tauchte auf der gegenüberliegenden Straßenseite eine junge Frau auf und drückte die Ampel, obwohl Peter es schon getan hatte. Ihr Erscheinen versetzte ihm kleine Nadelstiche in der Herzgegend. Sie war derselbe Frauentyp wie Marie-Christine. Sie war schlank, trug ihr langes braunes Haar gelockt und hatte jene großen verträumten leuchtenden Augen, die er an Marie-Christine so geliebt hatte.

Grün, grün, werd' endlich grün, ich halte das nicht mehr aus, sagte seine innere Stimme. Die Ampel wurde grün, und sie liefen aneinander vorbei. Natürlich trafen sich ihre Blicke. Sie duftete wundervoll nach dem neuesten Frühlingsparfüm. Die Nadelstiche gaben ihre Tätigkeit auf. Es war urplötzlich angenehm, von ihr beachtet zu werden, gab es ihm ein kleines Stückchen Marie-Christine zurück. Peter fragte sich, ob es sein konnte, dass zwei Frauen ein ähnliches Aussehen hatten, und dennoch keine

Gemeinsamkeiten. Er fand es spannend, darüber nachzudenken.

Marie-Christine war Apothekerin gewesen. Vielleicht war die junge Frau, die ihn eben passiert hatte, Lehrerin oder gar Sozialpädagogin. Marie-Christine mochte Bergwanderungen und Lindenblütentee. Vielleicht mochte die junge Frau, die ihn eben passiert hatte, lange Strandspaziergänge und Springfever-Cocktails.

Marie-Christine hatte ihn verlassen. Vielleicht war das strahlende Lächeln der jungen Frau, die ihn eben passiert hatte, ein Hinweis darauf, dass sie so etwas nicht in Marie-Christines leichtfertiger Manier tun würde.

Am Abend saß Peter alleine in seiner Wohnung und schaute die dienstägliche SAT.1-TV-Komödie. Stefanie Stappenbeck spielte mit. Marie-Christine, die junge Frau an der Ampel, und nun diese süße Schauspielerin Stefanie. Peter stellte fest, dass er, was Frauen anbetraf, typisiert war. Sein bester Freund Manuel hatte immer von der Schauspielerin Nicole Ennemoser geschwärmt und dann eine Frau geheiratet, die Ähnlichkeit mit der brünetten Darstellerin aus »Schön, dass es dich gibt« hatte.

Als ihn das Aussehen, Gestik und Mimik und die tolle Stimme der süßen Stefanie Stappenbeck zu sehr an Marie-Christine erinnerten, schaltete er den Fernsehapparat ab.

»Jetzt ist gut. Ist gut jetzt« von Such a surge half ihm, auf einen anderen Trichter zu kommen. Peter mochte eine neue Beziehung haben, und trotz seiner Typisierung sollte es keine Rolle spielen, ob sie nun aussah wie Marie-Christine, die junge Frau von der Ampel oder »Sweetie« Stefanie Stappenbeck.

MAN HÖRT SICH ZWEIMAL

Sie kam mit dem Zug aus den neuen Bundesländern, um ihn zu besuchen. Sie hatten sich über eine Briefmarkenfachzeitschrift kennengelernt, sich bisher nur Briefe geschrieben oder telefoniert, und so kam sie wohl zu ihm, um seine Sammlung zu sehen.

Sie hieß Cornelia, doch alle nannten sie nur »Conny«. In seiner Geburtsurkunde stand Moritz, doch sie nannte ihn nur »Maurizius«, der Briefmarke wegen, in deren Besitz sie beide nicht waren.

Er wartete am Bahnhof auf sie, und als Conny ankam, verfehlten sie sich zunächst. Dann standen sie sich gegenüber, und sie erwiderte seine angedeutete Umarmung nicht. Sie machte Tempo und rannte mit ihrem großen, prall gefüllten Koffer, den sie selbst trug, obwohl er sich angeboten hatte, die Treppen runter, durch die Unterführung, die Treppen hoch.

Conny wollte in seine Wohnung und sehen, wie er sich eingerichtet hatte. An ihrem Blick konnte er erkennen, dass sie nicht zufrieden war. Das Haus, in dem er wohnte, war standesgemäß, Marke Neubau, seine kleine Eineinhalb-Zimmerwohnung war jedoch nicht aufgeräumt und unzureichend eingerichtet. Es fehlte unter anderem ein Regal, und zwei der vier Stühle waren aus dem Leim gegangen.

Eine komische Philatelistin, dachte Moritz, als Conny sich eher für das Rauchen auf seinem kleinen Balkon denn für seine mittelgroße Briefmarkensammlung interessierte.

Am ersten Tag machten sie einen Einkaufsbummel,

am zweiten Tag eine Wanderung mit sich im Wald verlaufen und ein bisschen Liebe, am dritten Tag gab es Streit und anschließend einiges, was sich Mann und Frau gegenseitig geben können und am vierten Tag reiste sie, wie verabredet, wieder ab.

Zwei Tage nach ihrer Abreise rief sie ihn an und erzählte ihm eine Geschichte. Sie hatte überhaupt keine Ahnung von Briefmarken, hatte alles nur vorgegeben. Conny war beim Friseur gewesen, und da dort nur Tageszeitungen und eine Briefmarken-fachzeitschrift ausgelegen hatten, nicht die Spur von bunten Illustrierten, hatte sie in dem Briefmarken-fachblatt geblättert und war dort auf Moritz' Inserat gestoßen. Es war so nett formuliert gewesen, und sie wollte nach ihrer Scheidung einfach einen netten Mann kennenlernen, egal wie und wo. Da hatte sie ihm geschrieben. Conny teilte Moritz mit, dass sie die Nacht zuvor mit einem Türsteher im Bett gewesen sei und dass es ihr leid tue, aber …

Moritz hatte verstanden und legte den Hörer auf die Gabel.

Die Mitteilung tat ihm etwas weh, da er Conny, die ein paar Jährchen älter war als er, und durch und durch Frau war, mit ihren runden Formen und ihrer absoluten Weiblichkeit gut fand. Er war gerne mit ihr im Bett gewesen, wahrscheinlich mit mehr Gefühlen wie dieser profane Türsteher.

Moritz vergaß Conny und lebte sein Leben weiter. Es blieb ihm nichts anderes übrig.

Jahre später hatte er Lust auf eine Pizza und rief beim Bringservice an. Es meldete sich eine Frauenstimme, die jener von Conny frappierend ähnlich klang. Da sie nett, aufmerksam und freundlich war, überließ er es ihr, nachdem er die Pizza, den Salat und die Getränke geordert hatte, die Eissorte für ihn auszusuchen. Moritz hatte ihr den Auftrag gegeben, der Lieferung drei Stück von dieser Sorte Eis beizulegen. Als der Auslieferer kam und ihm die Rechnung präsentierte, traute er seinen Augen nicht. Machte es sonst immer knapp 30 Euro, hatte er 43,50 Euro zu bezahlen. Die Dame am Telefon hatte drei Stück der teuersten Sorte Eis, Kokosschalen für je 4,50 Euro, mitliefern lassen. Moritz aß alle an einem Abend, mit Genuss und Verstand.

Bei der nächsten Bestellung fragte sie ihn rotzfrech, wie das Eis geschmeckt habe. Er sagte, er hätte für Eis keine 13,50 Euro ausgeben wollen, und bat sie darum, bei der Lieferung, die jetzt erfolgte, die Eisbecherchen für je zwei Euro beizulegen.

Sie informierte sich nach der Lieferadresse, und da es zwei parallel verlaufende Straßen gab, die sich nur durch den Vornamen unterschieden, fragte sie genau nach. Sie erzählte ihm, dass sie einige Tage zuvor an seinem Haus vorbeigelaufen sei, auf dem Weg zur Arbeitsagentur.

Plötzlich spürte Moritz so etwas wie Beklemmung. Conny hatte ihm erzählt, dass sie in den Westen rübermachen wolle, und da die Stimme der Dame, die am Apparat war, jener von Conny mehr als ähnlich war, lag es ihm auf der Zunge, sie zu fragen, ob sie Conny hieß. Er unterließ es und wunderte sich, dass diese Dame zur Arbeitsagentur musste, wo sie doch einen Job beim Pizzaservice hatte. Und woher wusste sie, wo er wohnte? Alles war ziemlich strange, aber er dachte nicht länger darüber nach.

Die Bestellung wurde geliefert, er aß das Bestellte, und ging danach zum Briefmarkenautomaten, um zwanzig 0,55-Briefmarken herauszulassen. Plötzlich tauchte hinter ihm eine junge, etwas korpulente Frau auf. Moritz war ganz Gentleman und wollte ihr nicht zumuten, so lange zu warten. Er ließ drei Briefmarken aus dem Automaten, frankierte damit eine mitgebrachte Postsendung und überließ der Dame den Automaten. Die anderen 17 Marken würde er herauslassen, wenn er die Postsendung eingeworfen hatte. Als er zurückkam, war die junge Dame gerade fertig. Sie lief weg, ohne ihn eines Blickes zu würdigen, ohne ein Wort des Dankes. Egoistisch und rotzig sind sie geworden, manche von den jungen Damen, ohne Anstand, dachte Moritz.

Er sah ihr nach. Alles an ihr war strange. Ihr Gang, ihre Frisur, ihr Verhalten …

»Ich bekomme noch eine tolle Frau ab. Und du, lieber Gott, wirst mir dabei helfen«, hauchte er in den Abendhimmel und lief mit 17 Briefmarken in der linken hinteren Hosentasche nach Hause.

FLENSBURG

Lange Zeit hatte ich keinen Strafzettel mehr bekommen. Nicht wegen falsch Parkens, nicht wegen überzogener Parkzeit, nicht wegen überhöhter Geschwindigkeit. Doch dann war plötzlich so ein schöner Parkplatz frei, direkt vor meiner Wohnung. Schön groß, so dass Einparkmuffel wie ich keinen anderen suchen mussten, bei dem die Lücke noch größer war. Mit zwei Stunden gebührenfrei war genügend Parkzeit ausgewiesen, so dass ich schnell meine Parkscheibe zückte und sie gut sichtbar hinter der Windschutzscheibe platzierte.

Exakt nach zwei Stunden und 22 Minuten kam ich mit einer Bewerbung in den Händen zum Auto zurück und entdeckte, unter die Scheibenwischer geklemmt, einen knallroten Hinweiszettel, auf dem stand, dass ich in Kürze ein schriftliches Verwarnungsgeldangebot bekäme.

Wenn das Wort »Verwarnung« nicht im langen Begriff integriert gewesen wäre, eigentlich ein Grund zum sich freuen. Geldangebote bekam man nicht jeden Tag. Ich kassierte den Strafzettel, schüttelte mich einmal und wollte tanken fahren und danach zur Post, die Bewerbung einwerfen.

Auf dem Weg zur Tankstelle gab es eine 30-er-Zone, die ich als solche nicht sofort erkannte, da ich bei Straßen, die bergab gingen, solche Zonen nicht vermutete. Auf dieser Straße spielten keine Kinder, ab und an überquerte sie ein Erwachsener, obwohl es zwei Zebrastreifen gab, und dennoch kam bei Tempo

38 ein roter Blitz über mich. Wenn es kommt, dann kommt es gleich dick, dachte ich, und hakte den Tag ab.

Einige Tage später lag Post aus Flensburg im Briefkasten. Ich dachte an das Schlimmste. Zu viele Punkte, Führerschein weg, Idiotentest. Als ich den Brief langsam öffnete, versuchte ich, Flensburg nicht zu hassen. Was konnte denn die Ostseehafenstadt in Schleswig-Holstein mit gotischer Wandmalerei versehener romanischer Johanniskirche, Schiffbau, Maschinen-, Holz- und Papierindustrie, Brauerei und Handel dafür, dass ich in der Verkehrssünderkartei vermutlich zu oft Aufnahme gefunden hatte?

Ich nahm den Brief aus dem Kuvert und war beim Lesen der ersten Zeilen erleichtert. Eine Werbung für Flensburger Flaschbier lenkte meine Pulsfrequenz in herzverträglichere Bereiche.

Als Genießer antialkoholischer Getränke hätte ich an einem Katalögchen mit prickelnder Erotik mehr Spass gehabt ...

ENTFERNUNG 38

Die Sache fing damit an, dass ich zur Kontrolle zum Zahnarzt ging. Er war nicht besonders begeistert von meinen Zähnen, da ich am Beginn einer paradontalen Erkrankung stand. Ich bestand auf eine gewöhnliche Zahnsteinreinigung, was seine Kollegin, die Fachfrau für Mundhygiene, gar nicht gut fand. Bei mir reiche so etwas nicht mehr aus. Zuviel Plaque, dieser fast unsichtbare, bakterielle Zahnbelag, in dem Milliarden von Bakterien leben. Da müsse eine Komplettreinigung her.

»Später«, sagte ich und bestand auf der normalen Zahnsteinentfernung, die die Kasse bezahlte. Widerwillig kam sie meiner Willenserklärung nach. Wer ans große Geschäft ran wollte, der musste erst einmal im Kleinen beginnen. Alles andere war Geldmacherei. Nach ihrer Arbeit, bei der sie mit einem »Oh, das sieht richtig schlimm aus« wiederholt betonte, wie furchtbar das mit meinen Zähnen wäre, kam sie mit einem Gebiss, Zahnbürste, Normalausgabe, und einer elektrischen Zahnbürste an, und setzte sich neben mich auf einen Hocker, um mich in die neuesten Erkenntnisse der Zahnputzkunst einzuweihen. Mit der gewöhnlichen Zahnbürste mache man keine Kreisbewegungen mehr, sondern arbeite vom Zahnfleisch zum Zahn. Mit der neuen Brain Oral B3D Excel mit 3D Excel Putzsystem mit 40.000 sanften Vor- und Rückbewegungen und 7.600 ultraschnellen Seitwärtsbewegungen pro Minute sei alles sowieso spürbar gründlicher.

Sie aktivierte die elektrische Zahnbürste und probierte sie an meinem linken Handrücken aus, was mir relativ unangenehm war, weil mir die Fachfrau für Mundhygiene unsympathisch war. Der Zahnarzt hatte unterdessen bei der Endbesichtigung meiner Zähne ein Loch im Weisheitszahn entdeckt, das so tief sei, dass man es nicht mehr mit einer Füllung beheben konnte.

Auch das noch, sagte ich, wenig begeistert, zu mir selbst. Er drückte mir den Überweisungsschein in die Hände, auf dem eine Anweisung stand, die an Eindeutigkeit nichts zu wünschen übrig ließ.

Entfernung 38.

Obwohl ich immer noch der Meinung war, dass das menschliche Gebiss inklusive Weisheitszähne 32 Zähne hatte, besorgte ich mir einen Termin in der Oralchirurgie.

Eine freundliche junge Dame gab mir einen Termin mit zwei Wochen Ziel. Ich war erleichtert. Es war mein erster Weisheitszahn, der entfernt werden musste, und in 14 Tagen würde ich eine Einstellung zu meiner Beklemmung vor solch einem Eingriff bekommen.

Die Nacht vor der Operation »Entfernung 38« lag ich wach im Bett, und hatte, wie jeder, der ehrlich zu sich ist, richtig Schiss. Neben mir lag keine Frau, die mich mit ihren Verführungskünsten auf andere Gedanken bringen oder mich mit einem zärtlichen Streicheln über die Backe, begleitet von einem »Halb so schlimm, Schatz« beruhigen konnte. Im Fernseher hüpfte eine hübsche Frau zum Westernhelden mit

Zigarillo, Whiskyglas und Dreitagebart ins Bett. Westernhelden hatten manchmal mehr Glück. Meine Beklemmung wurde größer. Es wurde 1 Uhr, 2 Uhr, 3 Uhr, ich bekam kein Auge zu, und um 9 Uhr hatte ich einen Termin beim Oralchirurgen, der denselben Namen hatte wie der russische Sportlehrer, der früher auf unserem Gymnasium sich streitende Schüler mit einem »Ringe mit ihm« auf die Matten geschickt hatte.

Wenn es zwischen dem russischen Sportlehrer und dem Oralchirurgen eine verwandtschaftliche Beziehung gab, was würde das für meinen bevorstehenden Eingriff bedeuten? Ich befürchtete Schlimmes. Der Termin musste vom Tisch, aber sofort. Ich entstieg dem Bett, formulierte einen Absagebrief, der frühestens ein Tag nach meinem Termin ankommen würde, zog mich an und lief zum Briefschalter. Die Nacht verschleierte mein fadenscheiniges Argument, momentan nicht entspannt genug für einen oralchirurgischen Eingriff zu sein. Was solls.

Bis auf ein leichtes Drücken hatte ich keine Schmerzen, und der Termin war vom Tisch.

Wenige Tage später wurde das Drücken intensiver, es drückte bereits auf das Ohr. Es half nichts. Das vertagte Problem musste gelöst werden. Mutig ging ich zu einem anderen Oralchirurgen, dessen Arzthelferin an der Anmeldung drei Termine zur Auswahl hatte. In zwei Tagen, in vier Tagen oder die Woche darauf. Ich überlegte nicht lange und nahm nach dem Hinweis der Arzthelferin auf Ostern, wo man lecker Osterbraten essen wollte, gleich den ersten.

Mir fiel auf, dass dieser Oralchirurg zwei Doktortitel hatte, und da ich manche außergewöhnlichen Menschen mit Zusatzqualifikation gut fand, redete ich mir ein, dass er die Sache mit dem Weisheitszahn gerade deswegen gut und gründlich erledigen würde.

Die Nacht vor dem Eingriff stand an, das Fernsehen bot »Am Rande der Nacht« mit Coluche und Agnès Soral, und dieses Mal gab es keine Ausflüchte mehr. Ich schlief ein, wachte zu bald wieder auf. Nervöse Blicke auf die Uhr, viel Musik, eine »Henkersmahlzeit«, ein lieber Anruf von einer Freundin, ein bisschen Mut und dann ab zum Oralchirurgen. Im Wartezimmer saß ich unruhig, hatte schweißnasse Hände und konnte den Fragebogen nur mit zittrigen Händen und unleserlicher Schrift ausfüllen. Mir gegenüber saß eine hübsche junge Frau mit angsterfüllten Augen. Sie hatten etwas Ähnliches vor mit ihr wie mit mir. Ein Weisheitszahn vielleicht?

Ich schenkte ihr ein Lächeln. Wir werden das schaffen, Mädchen.

Man bat mich zu Röntgenaufnahmen ins Labor. Eine nette junge Dame schob mir etwas in den Mund, legte mir eine Schutzjacke um und ließ einen Apparat um mich rotieren, der mich nicht berührte, nachdem sie die Türe geschlossen und mich in dem Kabuff alleine gelassen hatte. Es ging zurück ins Wartezimmer, dann rief eine andere nette junge Dame meinen Namen aus und nahm mich mit ins OP-Zimmer. Der recht sympathische Oralchirurg begrüßte mich, ließ mich einen Zettel unterschreiben, der ihn entlastete, falls »Entfernung 38« schief gehen sollte. Er spritzte ein, alles um den Weisheitszahn herum wurde rucki zucki pelzig. Er warf ein grünes Tuch über mich, eine Assistentin hielt meinen Unterkiefer und dann kam die Zange zum Einsatz.

Der Weisheitszahn schien gut zu liegen. Er ging gut raus, plumpste von der Zange in eine Blechschüssel. Blut absaugen, nähen, fertig. Der Arzt war gut.

Bedient saß ich im Wartezimmer, las die »Verhaltensempfehlungen nach operativen Eingriffen im Kopf- und Halsbereich«. Ich sah die junge Dame aus dem Wartezimmer wieder. Sie war auch schon dran gewesen, hielt den gleichen Zettel wie ich in den Händen.

Ich hätte ihr gerne ihre Angst vor den Schmerzen, die ich ihr ansah, einfach weggepustet. Mit Tupfer, Eisbeuteln und Schmerzmitteln entließ man mich. Ich lief nach Hause und sah den Blicken der Passanten an, dass der Ausgang von »Entfernung 38« in den Sternen stand …

ICH WILL MEIN GELD ZURÜCK!

Der Sonntag ist zum Ausruhen da. Nach einem leckeren Tellerschnitzel in einem sehr guten Speiselokal und einem Besuch im Krankenhaus liege ich am frühen Abend auf meinem Bett und sehe fern. Werner lässt kesseln, im Zweiten spielt die »Melodie der Liebe« nach Rosamunde Pilchers Vorlage, noch ein bisschen Heute-Journal mit Kleber und der sympathischen Gundula Gause und ich schlummere in der Hoffnung auf eine gute Woche hinüber. Ich darf am nächsten Morgen wieder meinem geliebten Autorenberuf nachgehen, was Vorfreude aufkommen lässt, und beim Jauch wird am Abend ein intelligenter Lehrer, der ohne den Einsatz eines Jokers auf 32.000 Euro gekommen ist, versuchen, seine Siegesserie fortzusetzen.

Beim Aufwachen am Montag morgen habe ich eine geschwollene Lippe. Wahrscheinlich ein paar harmlose Schnakenstiche. Nach Anziehen, Duschen, Zähneputzen ist der Mund soweit abgeschwollen, dass ich einkaufen gehen kann. Einkaufen macht Montag morgens als Mann besonders viel Spaß. Ich genieße so manchen »Warum musst du montags nicht arbeiten«-Blick. Neid ist die Mehrwertsteuer des Erfolges.

Alles klappt, wie immer. Ich bezahle, wünsche einen schönen Tag und laufe mit meinen Tragetaschen die Bahnhofstraße hoch. Zu Hause angekommen, räume ich die Sachen weg. Was in den Kühlschrank kommt, das kommt in den Kühlschrank, der Rest ins Küchenschränkchen.

Ich widme mich meiner Arbeit. Die nächste Buchpublikation, die Neuauflage eines Gedichtbandes, steht an. Gegen 16 Uhr fällt mir plötzlich auf, dass mein Portemonnaie nicht mehr an seinem Platz liegt. Ich bleibe dennoch ruhig und gelassen. Vielleicht habe ich es woanders hingelegt. Ich suche alles ab, Eineinhalb-Zimmer-Wohnung, das Bad, die Tüten, und finde nichts. Das Portemonnaie ist wie vom Erdboden verschluckt. Ich werde langsam unruhig. Habe ich es im Supermarkt an der Kasse liegen lassen? Habe ich es verloren? Diebstahl kann ich ausschließen.

Mein Portemonnaie ist nie in der hinteren Hosentasche zu finden, und den »Räuber aus der Hand« hätte ich bemerkt und mit »auf ihn mit Gebrüll« entsprechend in die Flucht geschlagen.

Nachdem ich mehrmals alles abgesucht habe, werde ich richtig unruhig. Wenn es wirklich nicht mehr auftauchen sollte, bin ich aufgeschmissen. Führerschein, Fahrzeugschein, Personalausweis, Versichertenkarte, Geldkarte, Bargeld. Alles wäre weg. Erklärungsnotstand, Vorwürfe, Behördengänge. Eine Horrorvorstellung.

Im Supermarkt, den ich aufsuche, habe ich zunächst Glück. Dieselbe Frau, die mich am Morgen abkassiert hat, sitzt an der Kasse. Auf meine Frage hin, ob ein Portemonnaie liegengeblieben sei, kommt ein klares, deutliches »Nein«, das auch ein Kollege nochmals bestätigt. Wie ein geprügelter Hund laufe ich die Bahnhofstraße wieder hoch. Es fängt zu regnen an. Auch das noch.

In der Wohnung zurück, lasse ich erst einmal mein

Bankkonto sperren. Ich fange an, die nötigen Unterlagen für die Behördengänge zu sammeln, nachdem ich an den unmöglichsten Stellen, unterm Bett, auf dem Schrank, unter der Toilette, gesucht habe.

Ich versuche, mich zu entspannen, und denke an etwas Schönes, an ein Bikinimädchen auf Hawaii.

Das Telefon läutet. Bevor sie sich mit Namen meldet, fragt mich eine Frauenstimme, ob ich ein Portemonnaie vermissen würde.

»Sie sind ein Schatz«. Worte der Erleichterung kommen mir über die Lippen. Die Dame reiferen Alters erzählt, sie habe das Portemonnaie auf dem Gehsteig gefunden. Es muss mir aus einer der Tragtaschen gefallen sein.

Das Fundamt habe sie schon benachrichtigt gehabt, falls ich dort angerufen hätte. Eine unfreundliche Mitarbeiterin des Fundamtes habe jedoch zu ihr gesagt, sie solle sich direkt bei mir melden.

Die Dame, die mein Portemonnaie gefunden hat, teilt mir mit, sie wäre noch bis 18.45 Uhr zur Abholung erreichbar, dann müsse sie außer Haus, um auf die Enkelkinder aufzupassen. Wenn ich es schaffen würde, sei es okay, ansonsten müsste sie mich auf Dienstag vertrösten.

Ich schaue auf die Uhr. Es ist 18.25 Uhr. Die Schuhe anziehen, die Jacke überstreifen, schnell, schnell, schnell, sagt mir eine innere Stimme.

It's »Lola rennt«-time now. I wish I was a hunter … Ich renne, was das Zeug hält, und es macht Sinn, weil die Dame in meiner Nähe wohnt. Es regnet heftig. Noch nie hat mir der vergessene Regenschirm so wenig geschadet. Ich denke auch an Maren Kroymann, die im »Superweib« mit »Ich komme aus Renningen, weil ich immer so viel rennen muss« auf schwäbisch ein Witzle gemacht hat.

Ich stehe vor der Haustüre, läute und eine nette Frau öffnet mir.

Absolute Demut und Dankbarkeit kommen über mich. Eine Tafel Marzipanschokolade und besonders leckere Saftbären habe ich von zu Hause für die Enkelkinder mitgebracht.

»Nehmen Sie es einfach und nochmals vielen lieben Dank«, sage ich auf ihr »Das wäre aber nicht nötig gewesen« hin. Erleichtert gehe ich nach Hause. Bei Jauch verbrät der Lehrer bei der 64.000-Euro-Frage drei Joker und nimmt dennoch 125.000 Euro mit.

Ich freue mich für ihn und überlege mir, wie mein Portemonnaie in Zukunft sicherer vor dem Verlust sein könnte. Ein kleineres, schmaleres kaufen und es in die Hosentasche oder eine Hemdtasche mit Knopf dran stecken erscheint mir sicherer zu sein, als es in der Einkaufstasche zu verfrachten.

DIE MODEDAME

Achim ist schon seit längerer Zeit Single. Da er im wärmsten aller Monate, im August, Urlaub hat, setzt er sich ins Café. Relaxen, einen leckeren Eiskaffee trinken und ein bisschen nach dem weiblichen Geschlecht Ausschau halten ist immer schön.

Das Café befindet sich in Marktplatznähe, und es passieren viele hübsche Frauen, überwiegend Schwäbinnen. Den Eiskaffee mit Strohhalm hat er vor sich stehen, die relaxte Sitzhaltung eingenommen, da richtet sich sein Blick auf die Ladentüre des traditionsreichen Modehauses, aus der eben eine der Verkäuferinnen, die hübsche blonde Modedame mit ihrem prall gefüllten, kreisrunden Kleiderkarussell läuft. Wie immer ist sie ganz Frau. Ihr blondes, gekräuseltes Haar ist schön frisiert. Das rote Top sitzt wie immer top, das weiße enge Stoffhöschen betont ihre schlanke, traumhafte Figur, die roten Schuhe mit den hohen Absätzen, in die der schlanke Frauenfuß einfach so reinschlüpft, klappern über das Kopfsteinpflaster, die Goldkettchen an beiden Fußgelenken runden ihre aufregende Weiblichkeit ab.

Achim wurde vor blonden Frauen gewarnt. Sie seien berechnend, hinterlistig, dumm und gehörten nicht nur dem einen. Vielleicht, denkt er, vielleicht widerlegt sie das Vorurteil.

Sie hat ihren Kleiderständer abgestellt, dreht sich einmal um die eigene Achse und schaut um sich. Sie schenkt Achim einen Blick, den er gerne erwidert. Ihre blauen Augen sind wunderschön, und irgendwie muss er dabei ans Meer denken. Er weiß, dass sie ein offenes Cabrio fährt, und denkt daran, mit ihr, schwarze Sonnenbrille, die blonden Haare wehen im Sommerwind, ans schwäbische Meer zu rauschen. Das Denken fährt fort, entwickelt sich zu einem Traum, einem Männertraum.

Mit ihr Hand in Hand an der Uferpromenade durch den vorgerückten Abend schlendern, nachdem er mit ihr einen schönen Tag verbracht und in einem schicken Restaurant zu Abend gegessen hat und mit einem zärtlichen Klaps an ihre vom weißen Stoffhöschen umhüllten Pobacken die Nacht einleiten.

Zusammen mit ihr den nächsten Flieger besteigen. Ab in den Süden. Diesen heißen Feger am Strand genießen. Auf einer Südseeinsel unter Palmen mit ihr einen Cocktail trinken, oder in Spanien, Portugal oder Frankreich Urlaub machen. Der Männertraum ist jetzt komplett und zieht an ihm vorüber.

Achim sitzt den ganzen Vormittag und den halben Nachmittag im Café. Gegen 15 Uhr, er hat es gewusst und zugleich herbeigesehnt, kommt sie aus ihrem Modefachgeschäft, läuft quer über den Marktplatz, um sich an der nächsten Eisdiele ein Waffeleishütchen mit Schlagsahne obendrauf zu besorgen. Einfach super, wie sie das Eis leckt. Unterbewusst ist es erotisch. Keine Frage. Diese Erdbeersahneschnitte aus dem Modeladen hat das gewisse Etwas.

Achim überlegt, wie sie wohl heißen mag. Sabine mit Koseform »Sabse«? Gina? Oder Corinna? So heißen doch Frauen ihres Aussehens üblicherweise, oder?

Sie läuft zurück an ihren Arbeitsplatz, um die an heißen Tagen reduziert nachfragende Kundschaft überschwänglich zu begrüßen. Der Traum bleibt, ob er sich erfüllt oder nicht, in seiner Gedankenwelt, in seinem Kopfkino voller Phantasie, erhalten.

HEUTE IST ER WEGEN MIR HIER

Im Supermarkt sind vier Kassen besetzt. Kasse 1 und 2 mit jungen, hübschen Damen, Kasse 3 und 4 mit zwei reifen Damen. Die Damen an Kasse 1 und 2, Susi und Gabi, sind Singles, die Damen an Kasse 3 und 4, Hannelore und Marianne, sind seit mehr als 25 Jahren glücklich verheiratet.

Es ist 10.30 Uhr, die Zeit, wo für gewöhnlich ein Beau den Supermarkt betritt. Er arbeitet im Fotofachgeschäft gegenüber und hat um exakt 10.30 Uhr für eine halbe Stunde Vesperpause.

Susi und Gabi wippen mit den Beinen hin und her, schauen nervös auf die Uhr. 10.29 und ein paar Zerquetschte. Gleich müsste er kommen. Hannelore und Marianne bleiben ruhig und schieben die Waren der an der Kasse anstehenden Kundschaft locker übers Band. Vom sicheren Hafen der Ehe aus gesehen, in den Susi und Gabi erst einmal einfahren müssen, entsteht beim Auftauchen eines Beaus keine große Aufregung mehr. Sie werfen einen Blick auf das leckere Kerlchen und lächeln verzückt. Das war es dann auch.

Punkt 10.30 Uhr betritt der Beau den Supermarkt. Die Glutäugigkeit lässt auf spanische oder gar südamerikanische Herkunft schließen. Alles an ihm ist schwarz. Das kurze, in einen Mittelscheitel fallende Haar, das schmale Oberlippenbärtchen, der Anzug und die sauber geputzten glänzenden Schuhe. Das weiße Hemd, an dessen Kragen keine Krawatte gebunden ist, bildet einen Kontrast.

Sein Teint hat, abgeleitet vom Schwarz seiner Gesamterscheinung, einen blauen Schimmer. Er zückt einen Euro aus dem Portemonnaie, wirft ihn hoch, fängt ihn wieder auf und zieht den Wagen. In gespannter Erwartungshaltung wundern sich Susi und Gabi, dass er bei den drei vier Sachen, die er kauft, einen Einkaufswagen benötigt.

An der Metzgerstheke nimmt er eine Leberkäsesemmel mit, des weiteren liegen ein Tetrapack Zitronentee, ein Schokoriegel und eine Actimel-Packung mit vier Fläschchen im Wagen. Wenn er in den Kassenbereich einbiegt, hören Susi und Gabi auf zu tuscheln. Die Aura des Beaus, den sie »Don Juan« nennen, erreicht in der Wirkung auf die beiden Damen ihren Höhepunkt. Ein unausgesprochenes »Komm, komm zu mir« liegt in der Luft. Wer wird die Gunst des Schönlings heute erwerben?

Die blonde Susi oder die schwarzhaarige Gabi, die zumindest einen südländischen Einschlag hat?

Beide machen ihm schöne Augen, doch der Beau entscheidet sich für die exotische Gabi. Ein begeistertes »Guten Morgen« rutscht ihr über die vollmundigen Lippen.

Sie schiebt die Ware provozierend langsam, nahezu in Zeitlupentempo, übers Band, um seine kurze Gegenwart länger genießen zu können. Es herrscht große Spannung zwischen den beiden.

Er riecht gut. Jump von Joop! Gabi erkennt das geile Parfüm mit dem Ausrufungszeichen sofort.

»Ich hätte gerne eine Tüte, bitte«, sagt er mit tiefer Stimme.

Gabis schönen dunklen Augen, die vor Sehnsucht glänzen, springen beinahe aus den Höhlen.

»Eine kleine?«, stammelt sie.

»Eine kleine, Kleines«, sagt er selbstbewusst. Der Beau scheint »Casablanca« mit Humphrey Bogart gesehen zu haben.

Gabi legt ihm das Rückgeld sanft in den Handteller, so als wolle sie ihm anzeigen, dass sie auch zu jedem anderen seiner Körperteile sanft sein könnte.

»Schönen Tag noch. Bis morgen«, sagt er und geht zu seinem Fotofachgeschäft zurück.

Gabi hat Herzflimmern. In beiden Kammern. Susi ist enttäuscht und tröstet sich mit einem blonden Hünen, der bei ihr sein Fläschchen Bier bezahlen möchte.

Hannelore und Marianne amüsieren sich über ihre beiden »Kampfhennen«-Kolleginnen. Um dreizehn Uhr müssen die beiden Teilzeitkräfte das Mittagessen für Heinz und Karl auf dem Tisch stehen haben.

EIN MÄDCHEN, SO WIE DU

Aufgeben oder weitersuchen? Ich kann die Frauenfrage eindeutig mit weitersuchen beantworten.
So betrete ich an einem Sonntag nachmittag ein
schmuckes Café, und zunächst sieht es so aus, als
ob da ältere Herrschaften mit ihrer wohl verdienten
Rente ein Kaffeekränzchen veranstalten. Ich bestelle
mir einen Cappuccino, zische ein frisches Radler und
lausche den Gesprächen der älteren Herrschaften. Als
es ein bisschen langweilig zu werden scheint, und
ich schon eine geistige Werkanalyse vom van-Gogh-
Bild an der Wand zur Ablenkung anstelle, öffnet sich
die Eingangstüre des Cafés. Eine Dreiergruppe, ein
Pärchen plus wahrscheinlich Singlefrau, setzt sich an
den Nebentisch. Mein Blick fällt sofort auf die mögliche Singlefrau, die mir auf Anhieb sympathisch ist.
Mein Erfahrungsschatz schlägt Alarm. Sie gehört zu
den Blondinen. Doch zu den Guten. Sie ist offen, umgänglich, erzählt in einem erfrischenden Sprechtempo
von positiven Begebenheiten. Die Alarmglocken verstummen. Ihre Augen leuchten, ihre Stimme ist angenehm. Ihr Kleidungsstil ist betont locker. Schwarze
Lederjacke, hellblaues Sweatshirt, dunkelblaue Jeans,
schwarze Stiefeletten. Ihre Figur ist schön weiblich,
das Ü-30-Bäuchlein süß. Ich stehe auf natürliche
Mädchen. Mädchen wie sie heißen eigentlich Britta,
Martina, Anna oder Birgit.

Sie spricht davon, dass sie gerne zu Kunstausstellungen geht, was mir imponiert. Ich fange an, ihre
positive Ausstrahlung zu mögen, mich in ihr Lächeln

zu verlieben. Sie schenkt mir einige Blicke und flicht ein »Ich bin weder verheiratet noch geschieden« in ihre Sätze ein.

Wenn sie alleine am Tisch säße, würde ich sie ansprechen. Alle meine Sehnsüchte vereinen sich, in einem Mädchen so wie dir.

TANJA AM ABEND

Auf der Tankanzeige meines Autos bewegt sich die Nadel auffällig in Richtung Reserve. Im Radio verabschiedet sich Tom am Nachmittag. Ich brauche jedoch nicht Tom am Nachmittag, ich brauche Tanja am Abend. Mit Geschick umfahre ich eine verzwickte Langzeitbaustelle weiträumig und biege in die Tanke ein. Tankdeckel abschrauben, bei den Spritpreisen reicht halbvoll Benzin und ab in den Verkaufsshop der Tanke, an die Kasse. Da wartet schon die kleine süße Tanja mit dem hübschen Gesicht und begrüßt mich mit einem Lächeln. Sie fragt mich, ob ich irgendwelche Bonuskärtchen habe. Manchmal möchte sie mir auch ein frisches Croissant oder einen aufziehbaren Modell-Ferrari für 2 Euro verkaufen.

Ich bezahle die ganze Summe, flirte ein bisschen mit ihr, wünsche ihr einen schönen Abend, was das Ausbleiben denkbarer Zwischenfälle der unangenehmen Art beinhaltet, und gehe zu meinem Auto. Ich werde wiederkommen. Eine Begegnung mit Tanja am Abend ist immer schön.

GIRL ON FILM

Kevin fuhr mit der S-Bahn ziellos durch die Gegend und dachte an Alexandra. Er war mit dem jungen Model und Popstar liiert gewesen, und sie hatte alles gehabt. Charme, Herz, Humor, ein Mädchen von atemberaubender innerer und äußerer Schönheit.

Am Vortag hatte sie sich nach zwei Jahren Beziehung von ihm getrennt, ohne Gründe zu nennen. Als Student der Germanistik und Romanistik hatte er keine Vorlesung, und so wählte er die ihm vertraute S-Bahn-Strecke aus, um über sich und seine Situation nachzudenken. Die S-Bahn machte stets am nächsten Halt Halt, was über Lautsprecher angekündigt wurde. Die Menschen stiegen ein und aus, und die hektische Betriebsamkeit kam ihm ausnahmsweise seltsam vor.

Kevins Welt war an jenem Tage nicht so groß und weit wie jene so manch anderer. Seine Gedanken kreisten um seine ex-Freundin Alexandra, so musste man sie jetzt bezeichnen. Warum hatte sie ihn verlassen?

Um die negativen Gefühle, Trauer, Wut, in gesteigerter Form Hass, nicht zu sehr aufkommen zu lassen, erinnerte er sich daran, wie sie sich kennengelernt hatten. Kevin hatte über eine Jugendzeitschrift, die er auch mit 22 Jahren gelegentlich noch las, ein Treffen mit der damals 18-Jährigen gewonnen.

Ein Nachmittag im Zoo war vereinbart worden, da die neue Single von Alex Act, wie sie sich als Künstlerin nannte, »I like pets« hieß, und eine Auskopplung aus der CD »Animals in the zoo« war. Beim Affengehege hatten sich der smarte Boy und das süße Girl ineinander verliebt.

Es folgte eine schöne, interessante Zeit für beide. Kevin genoss das Leben an der Seite von Alexandra, war Teil eines aufregenden öffentlichen Lebens, ein willkommener Gegensatz zu seinem ruhigen, überschaubaren Studentenleben. Er ging mit auf Reisen, stand bei Auftritten mit der Kamera in der ersten Reihe, saß am Rande des Catwalks, um seine Alexandra zu bewundern, war gemeinsam mit ihr auf After-Show-Parties und kam in den Zeitungen und Zeitschriften als »Der Freund von Alex Act« vor, was bei ihm keine männliche Egokrise auslöste. Ganz im Gegenteil.

Er freute sich, dass er eine so hübsche, erfolgreiche junge Frau zur Freundin hatte.

Doch jetzt war es aus, und Kevin wusste wirklich nicht warum. Er hatte nicht das Gefühl, dass es der Schlussstrich unter einen schleichenden Prozess war, der so manche Beziehung trifft und beendet. Noch vor wenigen Tagen hatten sie händchenhaltend einen schönen Tag und engumschlungen eine schöne Nacht verbracht.

Die S-Bahn fuhr eine Haltestation an. Kevin schaute aus dem Zugfenster und erblickte ein riesengroßes Werbeplakat mit seiner Alexandra drauf. In sexy Pose, enge Jeans, freizügiges Top und High Heels, warb sie für ihre neue CD »Sweet kisses«. Alexandras sweet kisses vermisste er seit einigen Tagen. Gab sie sie jetzt einem anderen?

Langsam setzte sich die S-Bahn wieder in Bewegung, und Kevin fühlte sich nicht besonders. Seine Traurigkeit darüber, dass Alexandra weg war, und die ruckartigen Bewegungen des S-Bahn-Zuges, er hätte brechen können. Nach einem Stückchen bergab folgte der lange, nicht enden wollende, dunkle Tunnel Richtung Hauptbahnhof. Es war schon dunkel in Kevins Seele und dann auch noch der Tunnel, da war er froh, dass »Nächster Halt. Hauptbahnhof« ertönte und ihn die hektische Betriebsamkeit auf hell erleuchteten Bahnsteigen erwartete.

Kevin fuhr mit der Rolltreppe vom »Underground« nach oben, wo die ICEs und andere Züge abfuhren und ihn die zahlreichen Boutiquen, »Fressbuden« und andere Verkaufsshops erwarteten. Im Schaufenster eines Multi-Media-Shops standen zahlreiche Monitore, in denen das neue Video von Alex Act, sowie ein Film, in dem Alexandra eine Sängerin spielte, liefen. Einige junge Männer standen davor und schauten interessiert auf die Monitore. Einer hatte die Nase am Schaufensterglas.

»Blöde Gaffer«, sagte Kevin leise vor sich hin. Einige Meter weiter hing ein überlebensgroßes Plakat, auf dem Alexandra Werbung für Mode machte.

»Get the London look«, entfuhr es Kevin leise. Als er sich am Kiosk eine Zeitung kaufen wollte, traf es ihn wie ein Blitz aus heiterem Himmel. Auf dem Titelblatt der Zeitung mit den vier Buchstaben war Alex Act mit ihrer angeblich neuen Liebe abgelichtet. Die unfreundliche Verkäuferin sah Kevin an, als ob sie den gesuchten Verbrecher in ihm erkannt hätte. Dabei war er auf der Zeitung, direkt neben seiner Alexandra, abgebildet.

»Den müssen Sie anzeigen. Das ist der Verbrecher«, sagte Kevin laut und zeigte mit dem Finger auf diesen Typen, einen angeblich bekannten Jungschauspieler, dessen Name für ihn Schall und Rauch war.

Nachdem er nichts gekauft hatte, ergriff Kevin die Flucht. Er lief zur Haupteinkaufsstraße der Stadt, zu Mc Donalds, ein paar Chicken Mc Nuggets essen und eine Coke zischen.

Als die hübsche junge Dame ihm beim Bestellen ein Lächeln schenkte, ging die Sonne auf.

Auch andere Mütter hatten schöne Töchter.

DIE RICHTIGE FRAU

Es war schon der zweite Kunde binnen einer halben Stunde, der sich etwas überfordert in einer Buchhandlung stehend befand. Der erste hatte sich vertrauensvoll an mich gewandt und mich flüsternd darum gebeten, ihm das Buch »Was tun gegen erektile Störungen?« zu bestellen.

Ich hatte die Bestellung sofort ausgeführt und konnte ihm in Aussicht stellen, da es sich um eine Bestellung beim Zwischenbuchhändler handelte, das Buch am folgenden Tag bei mir abholen und in seinen Händen halten zu können. Mit einem Stapel Bücher zwischen Handteller und Kinn geklemmt aus dem Lager kommend sah ich den zweiten Kunden am Regal mit den Lebensratgebern stehen. Er machte den Eindruck, Beratung zu brauchen, so ging ich auf ihn zu, nachdem ich meine Bücher abgestellt hatte, und wählte mit »Kann ich Ihnen helfen?« die einfachste Möglichkeit unter mehreren variablen Standardsätzen, einen Kunden anzusprechen.

Er drehte sich zu mir her, und ich erkannte in ihm einen Bekannten meines Heimatortes aus Jugendtagen. Froh, angesprochen worden zu sein, zückte er einen Zettel aus der Manteltasche, auf dem er einen Titel stehen hatte. Ohne den Autor zu kennen, wollte er ein Buch mit dem Titel »Wie finde ich die richtige Frau?« haben.

Ich ging zum PC, den Autor suchen, und als ich ihn gefunden hatte, musste ich feststellen, dass wir das Buch weder im Regal noch im Lager vorrätig hatten.

Ich orderte es ihm,und da es auch über den Zwischenbuchhändler zu haben war, konnte ich ihm das Buch für den folgenden Tag in Aussicht stellen. Mit einem Lächeln im Gesicht gab er mir einen Klaps auf den Rücken und ging.

Am folgenden Tag kamen beide Kunden und holten ihr Buch binnen einer halben Stunde bei mir ab. Ich war glücklich, zwei Menschen geholfen zu haben. Hatte ich ihnen wirklich geholfen, oder hatte ich sie lediglich auf den richtigen Weg gebracht?

Einige Jahre später, ich arbeitete mittlerweile als Autor, saß ich in einem Café und trank eine Cola. Der Bekannte aus Jugendtagen lief mit Frau und Kind an mir vorbei und grüßte mich freundlich.

Er umarmte seine nette, hübsche Frau und küsste sie. Für sein Kind fand er liebevolle Vaterworte. Er schien nicht nur glücklich zu sein, er war es. Bücher konnten glücklich machen. Ich wusste es.

Ich dachte an den Kunden mit der erektilen Störung und hoffte das Beste für ihn, wünschte ihm, dass auch er die richtige Frau gefunden hatte.

Ich zückte schnell meinen Schreibblock und den Stift und schrieb ein schönes Gedicht. Irgendwie wollte ich mit einem Buch auch Menschen glücklich machen. Vielleicht war auch für mich die richtige Frau darunter.

SPRUCHREIFE

Das Geschäft mit bedruckten T-Shirts boomt. Wo bei uns früher einfach nur ein Bild unserer Stars, Nena, Kim Wilde, Bono, Phil Collins, mit aufgedrucktem Namen reichte, muss es heute ein Spruch sein. Egal, ob dumm oder gut, der Spruch steht bei den Teenagern und so manchem jung gebliebenen Erwachsenen in großen Lettern, deutlich sichtbar, auf dem Shirt.

Was sind die Beweggründe dieser Menschen? Was wollen sie wirklich? Werbung für Sprachen machen, Aufmerksamkeit bekommen oder einfach nur gut aussehen?

Die Herren der Schöpfung tragen mit »Dressed to the nines« unverständliche, »Bier formte diesen schönen Körper« etwas peinliche und »Ihr könnt mich alle mal!« trotzige T-Shirt-Aufdrucke.

Frauen, junge Frauen und auch Jungfrauen hingegen haben da eindeutigere, klar verständliche Aufdrucke.

Ich begegne auf der Straße einer gertenschlanken Blondine, die mit »I'm Germany's next supermodel« Ansprüche auf eine Modelkarriere stellt. Ihr verschmitztes Lächeln deutet an, dass es wohl eher ein Gag ist. Das Mädel mit dem Fun-Shirt ist zwar hübsch, misst aber nicht einmal 1,70 m mit den High heels. Na ja, vielleicht reicht es für den Versandhauskatalog.

Die nächste Blondine hat mit »Obama is my homeboy« einen interessanten Spruch zu bieten. Von ihrem unverschämt verführerischen Blick kann man ablesen, welcher Service erwünscht ist.

Noch eine entgegenkommende Blondine deutet mit »These are my boobs« unmissverständlich an, dass dieses für eine 20-Jährige unglaublich entwickelte Paar Brüste ihr gehört. Nein. Wer hätte das gedacht.

Im Ernst. Sie kann stolz auf ihre Brüste sein. Hoffentlich darf ihr Liebster anfassen, streicheln, liebkosen.

Die Vierte im Blondinen-Quartett scheint die Beatles rauf- und runtergehört zu haben. »Love is all you need« steht mit dickem Dunkelrot auf ihrem hellroten T-Shirt. Das sind die »giftfreien« Blondinen, die Mädchen zum Heiraten.

Als ich im Blondinentaumel stecke und irgendwo ein Nest vermute, begegnet mir ein beeindruckender Gegensatz zu den echten und unechten Blondinen. Die brünette Schönheit schenkt mir ein herzerwärmendes Lächeln.

»Schiri, wir wissen, wo dein Auto steht« ist auf ihrem hellblauen T-Shirt zu lesen, unter dem sich zwei kleine, süße Bienenstiche abzeichnen.

Sie gehört bestimmt zu den Sonja Sonnenscheins, die dem Schiri nach dem Abpfiff ein Stück Kuchen vorbeibringen, weil er den Elfer zum Siegtor gegeben hat, ohne es ihm wirklich zu sagen.

Abdrucke auf weiblichen T-Shirts haben wirklich eins erreicht. Spruchreife.

EINE STADT LEUCHTET

Früher wurden Städte ausgeplündert, eingenommen, haben gebrannt. In Filmen waren Städte in Aufruhr, hatten Angst oder suchten einen Mörder. Ein in Einkaufsläden ausgelegter Flyer verspricht dieses mal wesentlich Erfreulicheres. Eine Stadt leuchtet. Künstlerisches, Kreatives und Kulinarisches an außergewöhnlichen Orten und ungewöhnlichen Plätzen. Eine Erlebnisnacht in der Stadt. Für alle Bummler, Nachtschwärmer und andere, die es nicht in der Wohnung hält, wenn es dunkel wird.

Namhafte Künstler, Tänzer und Musiker sorgen für Aha-Effekte und verzaubern. Der Postplatz wird festlich, hell erleuchtet, illuminiert. In einem ausgebauten Keller, in dem das Jahr über Ausstellungen und am Ende einige Weihnachtsfeiern stattfinden, gibt es eine Blacklightshow. Auf dem Marktplatz eine Feuershow mit dem Namen »Living Body Art«. Eine Lesung findet in einer Bäckerei statt. Illuminationen mit kurzen Geschichten von Geistesblitzen und anderen Erleuchtungen, Tanz und Choreographie auf einem Steg mit dem spannenden Motto »Ein Mann, eine Frau, ein Fluss und Licht. Was passiert?« und eine audiovisuelle Live Performance gehören auch zum Event. Gute Musik, ein Percussion-Ensemble, die Jazz Band bop 2 be und ein Abschlusskonzert mit Vocal-X runden das attraktive Programm ab.

Das klingt gut. Da muss ich hin. Ich ziehe mich um, ein Notizblöckchen mit Kugelschreiber und das Handy müssen mit. Ich bin auf dem Weg, gehe die

Bahnhofstraße hinunter und sauge die Satzfetzen der passierenden Menschen auf. Manchmal sind es einzelne Worte wie »Schublade« oder »supergut«, dann wieder ganze Sätze wie »Die Jacke hat doch gestern noch 140 Euro gekostet«, von einer vor dem Schaufenster stehenden Blondine geäußert, die sich über eine Preisreduktion freut.

Nach einem halben Kilometer Fußweg erreiche ich die Innenstadt. Ich sehe viele Menschen und viel Licht. Vor allem Teelichter und Fackeln, welche im großen Spektrum der Lichter nichts Besonderes darstellen. Wo kann ich den ersten Höhepunkt erblicken? Dort, am Kaufhaus. Es ist illuminiert. Große Kreise wandern an den Kaufhausaußenfassaden. Neben der Kunst findet der Kommerz statt. Beim Metzger stehen 20 Leute an, und das um 21 Uhr im Außenverkauf. Er muss gute Ware haben.

Beim weiteren Eintauchen in das Nachtevent, das für eine schwäbische Kleinstadt außergewöhnlich ist, ist ein weiterer Höhepunkt erkennbar. Der Hochwachtturm ist hellgelb beleuchtet, im oberen Bereich. Das Gemäuer erstrahlt in grünen, dicken Streifen, die wie ineinandergeschlungene Schlangen aussehen. Hat was, doch.

Die Leute sitzen in den Restaurants, Kneipen und Cafés, wo es geht, noch im Freien, essen, trinken und unterhalten sich. Auf dem Marktplatz stehen brennende Tonnen. Ich schaue auf die Uhr. Schade. Ich habe die zweite Vorstellung der Feuershow verpasst.

Im Getümmel erkenne ich den Fotografen mit

der Vokuhila-Frisur, der bei fast jeder Veranstaltung, sei es Fußball, Timbersports, Konzert oder Dichterlesung, dabei ist, wie er um eine der brennenden Tonnen schleicht, wo sich eine knapp beschürzte Body-Art-Künstlerin von ihrem Auftritt erholt, dem heißesten Foto auf der Spur. Vor der Galerie spielt die bop 2 be Band coolen Jazz.

Am letzten Aktionsposten der Veranstaltung angelangt, stelle ich fest, dass das Event nicht ganz meinen Vorstellungen entspricht. Vielleicht waren sie zu hoch. Ich sehe dennoch und erkenne an, dass die Verantwortlichen sich Mühe gegeben haben. Ich mache einen Bogen, betrete eine Straße, die im Schatten des Lichtevents steht. Da steht ein junger Mann, mit zwei gleich angezogenen Zwillingen, zwei süßen Knöpfen, die Papa zu ihm sagen, unter einer Straßenlaterne. Auch er steht im Licht. Auch er ist eine Leuchtgestalt. Zurück auf dem Marktplatz geht mir ein Licht auf.

Das Rathaus ist illuminiert, sieht so aus, als ob es durch das Okular eines Mikroskops zu sehen wäre. Strange, aber ein illuminiertes Rathaus bietet eine neue Sichtweise auf den ansonsten in weiß gehaltenen Arbeitsplatz des Bürgermeisters. Ich überlege kurz, ob ich zum Steg soll.

»Ein Mann, eine Frau, ein Fluss und Licht. Was passiert?«

Ich muss aber los. Nach Hause. Ich erwarte einen Anruf auf Festnetz von einer jungen Frau, einem Stern, der meinen Namen in seinem Herzen trägt, und meine Glühbirne des Lebens dauerhaft zum Leuchten bringen könnte.

DER ERSTE SCHNEE

Ich hatte mir so sehr weiße Weihnachten gewünscht. Schon als Kind war es das Schönste gewesen, die Landschaft in die vom Himmel gefallene »Zuckerwatte« gehüllt zu sehen, die aus Frau Holles Bettzeug gefallen war. Schneemann bauen, Schneeballschlacht, ein Herz in den Schnee pinkeln, eine Handvoll Schnee essen, Schlittenfahren. Es gab viel, was man mit der weißen Pracht anfangen konnte.

Nach dem Weihnachtsspaziergang durch den Wald bei trockener Witterung, rechtzeitig zum Jahreswechsel während des Feuerwerk Anzündens und Sekt Trinkens einsetzenden Eisregens ist es kurz vor den Heiligen Drei Königen soweit. Beim Hochziehen der Rollläden und zur Seite Schieben des federleichten weißen Vorhangs ist die Landschaft mit weißem Puderzucker bestreut. Mehr noch.

Da Frau Holle ihre Betten kräftig geschüttelt hat, liegt eine geschlossene, mehrere Zentimeter hohe Schneedecke auf den Straßen, Dächern und Tannenzweigen. Das Schneien hält an. Die Flocken fliegen vereinzelt gegen die Scheibe, verteilen weiße Punkte auf dem Glas. Manche der Eiskristalle haben die Form sechseckiger Plättchen, manche sehen aus wie Nadeln, andere wiederum sind sechsstrahlige Sterne, Dendriten.

Alle Niederschlagsteilchen haben eins gemeinsam. Sie sind in mannigfaltiger Art verzweigt. Meine Begeisterung über den ersten Schnee veranlasst mich, auch wenn es Feiertag ist, am frühen Morgen aus dem Haus zu gehen, um den ersten Schnee zu begrüßen, ihm meine Aufwartung zu machen.

Gut eingepackt betrete ich mit meinen Stollenstiefeln den lockeren Neuschnee, die thermisch gut isolierte Schneedecke. Ich hinterlasse Spuren, was einem als Mensch nicht täglich gelingt. Ich schaue um mich. Alles ist jungfräulich weiß und schön. Es scheint, als ob es Frau Holle gelungen ist, die Landschaft in ein schneeweißes Brautkleid zu hüllen, die Welt in Unschuld zu tauchen. Die ersten Schritte tun gut. Ich atme die frische Luft tief ein. Gepresster Altschnee kann um das Fünffache mehr wiegen, haben wir in der Schule gelernt. Ich bin ein Freund des Neuschnees, werde zu seinem Verbündeten. Der Neuschnee bedeckt nicht nur die Erde, er deckt auch das alte Jahr zu. Es ist Zeit für den Neubeginn. Ich bücke mich, greife in den Schnee, packe ihn an. Alles andere auch.

BELLA MARIE
BEI ELF GRAD MINUS

Der Winter ist schon einige Tage zu kalt. Schnee, Eisglätte, Rekordminusgrade, Sibirien. Es ist Samstag morgen, kurz nach 7 Uhr, und ich muss raus. Dinge erledigen. Zum Friseur gehen, aufs Dorf, und Klingenblock sowie Scherfolie meines Rasierapparats wechseln lassen, in der Stadt.

Nachdem ich den Friseur hinter mich gebracht habe, die Kurzhaarfrisur steht mir gut, parke ich in meiner Geburtsstadt, es gibt genügend Parkplätze hinter dem Friedhof, passiere das Gymnasium, auf dem ich zehn harte, aber auch glückliche Jahre meines Lebens verbrachte, die Unterführung, deren Wände immer noch mit schlechter Graffiti besprüht sind, laufe die alten Wege, und komme auf dem Marktplatz an. Bei der Kälte sind die Hälfte der Händler und auch die Kunden zu Hause geblieben. Ein Käsehändler mit Glatze reicht seinem Kunden die Ware ohne Kopfbedeckung, ohne Handschuhe und ohne den Schutz eines Verkaufswagens um sich herum mit einem Lächeln über das kleine Tischchen. Der Kunde nimmt den Käse ohne Handschuhe zu tragen in Empfang.

Das sind Männer, die in Stiefeln sterben, denke ich. Die Temperatur muss meinem Gefühl nach weit unter null sein. Die Kälte schneidet sich in mein ungeschütztes Gesicht. Ich bin kein Mann, der in Stiefeln stirbt, aber ich habe den Film gesehen. Das reicht, um die Situation zu bestehen.

Da ich den Wetterbericht am Vorabend verpasst

habe, schaue ich auf das Thermometer. Es zeigt -11° Celsius an. Ich schaue, dass ich schnell zum Elektro-Fachmann komme. Er wird seinen Laden sicherlich beheizt haben. Das Problem mit meinem Rasierapparat hat er innerhalb einer Minute gelöst. Er vermutet, dass ich die 18 Monate, nach denen man Klingenblock und Scherfolie wechseln sollte, überschritten habe, redet von der Größe eines Fußballfeldes, das ich in Form von Bartstoppeln angeblich aus meinem Gesicht rasiert habe, und wechselt die Teile aus.

Ich bezahle, bin beglückt, dass der Apparat jetzt wieder sauber rasiert, wünsche dem Elektro-Fachmann ein schönes Wochenende und gehe. Ich trete erneut ein in die Winterfrische und überlege kurz, ob ich noch zur Buchhandlung gehen soll, eine spezielle Zeitschrift kaufen. Da ich die Stofftasche mit dem Werbeaufdruck einer anderen Buchhandlung drauf in der Hand habe, lasse ich es sein.

Zurück auf dem Marktplatz, auf dem die Menschenmenge auf dem abgehaltenen Markt immer noch nicht größer geworden ist, höre ich von weitem die Klänge eines schönen alten Liedes. Einer Sehnsuchts-Melodie. Bella, bella, bella Marie.

Ich folge den Klängen und erkenne beim Näherkommen einen gut gekleideten russischen Akkordeonspieler, dessen Gesicht mir bekannt vorkommt. Locker auf einem Schemel sitzend, den Hut neben seine sauber geputzten braunen Schuhe gelegt, spielt er mit großer Freude, die man ihm ansieht, seine Version der »Bella Marie«. Vielleicht denkt er an seinen Schatz in der Heimat, dem er sein hart verdientes

Geld mitbringen wird, wenn er sich den Flugschein für den nächsten Flieger nach Russland erspielt hat. Die Kälte macht ihm natürlich an seinem Arbeitsplatz zu schaffen. Wangen und Nase sind gerötet. Bella, bella, bella, Marie.

Die Gedanken an seinen Schatz und das kleine Fläschchen Wodka in der Tasche wärmen ihn auf. Einige Menschen werfen ihm etwas in den Hut. Ich auch. Sein Spiel ist schön, und ich verbeuge mich, als die Münze lautlos in den Hut fällt.

Der Akkordeonspieler trägt keine Handschuhe. Auch seine Finger und die Kuppen sind gerötet. Ein paar Tränchen kullern ihm aus den Augenwinkeln. Ich bin mir nicht sicher, ob es die Kälte ist oder ob es Tränen der Rührung sind. Wahrscheinlich denkt er an seine »Nathalie aus Leningrad«, die er monatelang nicht gesehen hat. Er träumt davon, sie auf dem »Place rouge« in die Arme zu schließen, und ihr einen innigen Kuss zu geben.

Die flinken Finger trotzen der Kälte. Das Akkordeon hört nicht auf zu spielen. Einige weitere Münzen fallen in den Hut. Der kleine Rubel rollt. Die Münzen treffen aufeinander, erzeugen Nebengeräusche. Der Akkordeonspieler bedankt sich und legt noch mehr Sehnsucht in sein Spiel.

»Bella, bella, bella, Marie. Vergiss mich nie ...«

DIE SEKTHERBERGE

Das Sommer-Stadtfest hat begonnen, und als es gegen später leicht nieselt, suchen die Menschen Unterschlupf in der »Sektherberge«. Diese Unterkunft der besonderen Art besteht aus einem großen, weißen Zelt, das von einem Feng-Shui-Zauberer der Extraklasse eingerichtet worden sein muss.

Die harten Schrannen stehen in exakt aufeinander abgestimmten Abständen, so dass jeder Besucher genügend Bein- und Fußfreiheit hat.

Im Zelteck steht das Wichtigste. Eine megagroße Sektbar, hinter der der schwergewichtige Herbergsvater das köstliche Nass ausschenkt. Die beim Alkohol Beheimateten können vom Sekt, jenem Getränk, das viel Kohlensäure enthält, und beim Ausschenken schäumt, gar nicht genug bekommen.

Das Trinken von ein, zwei Gläschen, das ein aufregendes, belebendes Prickeln auf die Zunge legt, steigert sich zum »Sektsaufen«.

Die in Gläser eingeschenkte Menge Alkohol reicht einigen nicht mehr aus. In Sektkübeln kühl gehaltene Flaschen werden auf den Tischen aufgefahren. Einer der männlichen Sekttrinker möchte gerne mit der Alkoholaufnahme Schluss machen und den Heimweg antreten, die blonde Sekttrommlerin aus der Fernsehwerbung taucht jedoch immer wieder vor seinem geistigen Auge auf, stellt die allesentscheidende Frage und animiert ihn zum Weitertrinken. Also trinkt er weiter.

Da seine Flasche und sein vor ihm stehendes Glas

leer sind, baggert er seine Bierschrannennachbarin an, die seit geraumer Zeit an ihrem Gläschen nippt und mehr roten Lippenstift am Glasrand hinterlassen als Sekt getrunken hat. Der passionierte Sekttrinker stimmt ein Liedchen an.

»Sekt is natural, Sekt is fun, Sekt is special, one after the other. I want your Sekt.«

»Kommen Sie, trinken Sie es voll aus. Ich kann sowieso nicht mehr«, sagt die Angebetete, die mehr auf antialkoholische Getränke zu stehen, sich in der Herberge verirrt zu haben scheint.

Der Sekttrinker nimmt das Glas und kippt sich noch einen hinter die Binde. Dieses Glas gibt ihm den Rest. Er mutiert zur völlig enthemmten Rauschkugel, steigt auf den Tisch und fängt zu tanzen an.

»Ausziehen, ausziehen«, skandieren die Mitbewohner der Sektherberge.

Die Rauschkugel macht einen letzten Ausfallschritt, fällt vom Tisch und schlägt wie ein aus entsprechender Höhe abgeworfener Wackerstein hart auf dem Boden der Tatsachen auf.

»Les jeux sont faits. Rien ne va plus.«

Die zur Ausnüchterung vorgesehene Alkoholleiche wird auf eine rote Bahre geschnallt und in seiner Not von Sanitätern abgetragen. Einige spenden aufmunternden Applaus. Wer noch kann, der trinkt weiter. Die Sektherberge ist um einen Gast ärmer. Gute Besserung.

»I want your sex« ist ein Song von George Michael (ex-Wham)

FRISCHE FISCH

Das italienische Restaurant hat an diesem Dienstag Leckeres im Angebot.

»Wir haben frisches Fisch«, steht auf der vor der Eingangstüre aufgestellten, schwarzen Tafel mit weißen, geschwungenen Kreidelettern geschrieben.

Gegen 17 Uhr, kurz nach Öffnung des Restaurants, betritt Egon Griffelhalter, seines Zeichens Deutschlehrer, mit Ehegattin Luise, ebenfalls Deutsch unterrichtend, die Lokalität.

Sie setzen sich an den besten Tisch, der Sicht auf die anderen, noch nicht eingetroffenen Gäste, und Lichteinfall durch das mit Ornamenten verzierte, in vier kleine Scheibchen unterteilte Fenster zu bieten hat.

»Guten Abend, was darf ich Ihnen bringen?«, fragt der Kellner, ein großgewachsener Mann mit schwarzem Haar.

»Meine Frau und ich, wir wollen frisches Fisch haben«, bestellt Griffelhalter die Spezialität der Weltmeere.

»Frisches Fisch zu essen, und eine Karaffe weißes Wein zu trinken, bitte.«

»Weißes Wein kommt sofort«, sagt der Kellner.

Griffelhalter nimmt den Kellner kurz zur Seite, indem er ihn sachte an den Händen festhält.

»Hören Sie mal her, junger Mann. Sie sollten draußen vor der Tür an Ihrer Tafel aus dem »s« bei frisches ein »n« machen, und uns nachher weißen Wein servieren«, weist Griffelhalter den Kellner auf dessen leicht fehlerhaftes Deutsch hin.

Der Deutschlehrer geht so weit mit ihm durch, dass er sogar den Titel des Borchert'schen Nachkriegsstückes, des Hörspiels von 1947, in seinen kleinen Tadel einflicht.

»Entschuldigung, meine Deutsch ist nix so gut wie Ihre.«

»Wenn Sie eine Minute Zeit haben, dann üben wir ein bisschen.«

»Okay.«

»Also. Fischers Fritz fischt frische Fische. Frische Fische fischt Fischers Fritz. Man könnte auch »Fischers Fritz fischt frischen Fisch« sagen. Verstehen Sie?«

»Fisch von Fritz ist aber nix so gut wie meine Fisch, oder?«

»Ist nicht so gut wie mein Fisch.«

»Was, Sie haben auch Fisch. Wo? In Ihre Gartenteich?«

»Egon, ich glaube, jetzt ist es gut«, sagt Frau Griffelhalter.

»Ich bring mal schnell Ihre Wein, ja?«, sagt der Kellner und entfernt sich.

»Du kannst auf italienisch auch nicht mehr als »Gracie«, »Prego« und »Salute«. Der junge Mann kann auf Deutsch immerhin ganze Sätze bilden. Ich finde, du solltest dich mäßigen, Egon«, sagt Luise Griffelhalter.

Der Kellner kommt zurück.

»So, Ihre weiße Wein. Prego.«

»Bringen Sie drei Ramazzotti auf meine Rechnung, bitte«, sagt Griffelhalter.

Der Kellner bringt eine Flasche des edlen Getränks und drei Gläschen.

»Sehen Sie, mein Freund, Ramazzotti ist Universalsprache. Salute. Ha ha ha«, sagt Griffelhalter und erhebt sein Stamperl.

Im Radio läuft eine Werbung für die »Leute heute«-Sendung.

»Alles wird gut«, sagt Nina Ruge.

»Alles ist gut«, sagt der Kellner, stößt mit den Griffelhalters an und trinkt seinen Ramazzotti.

»Ich glaube, er hat verstanden«, sagt Griffelhalter und schenkt seiner Frau ein Lächeln.

»Freu dich auf deinen Fisch. Ich glaube, der Koch des Restaurants kann guten Fisch zubereiten«, sagt Frau Griffelhalter und kneift Egon in die Backe.

»Ich muss mich um Ihre Fisch kümmern. Ist bestimmt schon fertig«, sagt der Kellner.

Egon und Luise Griffelhalter warten auf ihren Fisch und stoßen derweil mit in stilgerechten Gläsern eingeschenktem Weißwein an.

MRS. RIGHT –
ICH TASTE MICH VORAN

Die Hoffnung kam mit einem Fehlanruf zurück. Ich wollte mir in meiner 46-Quadratmeter-Wohnung einen schönen Fernsehabend machen, der WDR zeigte einen alten Schimanski-Tatort-Klassiker, und lag mit einer Tüte Chips und etwas zu trinken im Bett, da schellte das Telefon.

Da ich mich in diesem Moment gestört fühlte, und keinen dringenden Anruf erwartete, ging ich nicht ran. Als mein Anrufbeantworter ins Spiel kam, sprach eine freundliche Frauenstimme drauf. Der Georg solle doch vielleicht zurückrufen. Die Art und Weise, wie sie es sagte, sanft, liebevoll, etwas verträumt, sehnsuchtsvoll, mit Hingabe, sprach mich an.

Hatte ich nicht neulich in einem medizinischen Fachblatt, deren Seiten ich beim Arzt ausnahmsweise durchblätterte, gelesen, dass man einen Menschen am ersten Satz, den er spreche, erkennen, gar lesen kann.

Die tolle Frau hatte einen schönen Namen. Sie hieß Ute.

»Schimmi« machte Liebe mit einer etwas undurchsichtigen Schönheit, einer Industriellenehegattin, und ich überlegte, was ich gesagt hätte, gesetzten Falles, der Telefonhörer wäre von mir abgehoben worden.

»Welche Nummer haben Sie denn gewählt? 524438. Da haben Sie sich verwählt. Meine ist an letzter Stelle anders. Da kommt eine Null. Macht nichts. Kann passieren. Schönen Abend noch.«

Zehn Minuten später schellte das Telefon erneut. Da der Tatort-Klassiker durchhing, »Schimmi« hatte eine wilde Schlägerei angezettelt, wo ich mehr auf gute Dialoge, Verfolgungsjagden und Knutschszenen stand, stand ich auf und ging ran.

»Hallo. Guten Abend. Sie wollen bestimmt Georg sprechen«, sagte ich, als ich ihre Stimme gleich wiedererkannte.

»Welche Nummer haben Sie denn gewählt? 524438. Da haben Sie sich verwählt. Meine ist an letzter Stelle anders. Da kommt eine Null. Macht nichts. Kann passieren. Schönen Abend noch.«

Wie sie sich entschuldigt hatte. Sanft, liebevoll, etwas verträumt, sehnsuchtsvoll, mit ganzer Hingabe. Und dieses süße Lächeln, als sie bemerkte, dass ich verständnisvoll, eben nicht wie eine Arschgeige, reagiert hatte.

Ein großes Mädchen zum Zungeschnalzen. Georg hatte seine Traumfrau gefunden. Ich möchte auch so eine liebe Ute haben.

MACH' MIR RUHIG WEITER SCHÖNE AUGEN

»Alles, was ich an mir mag, ist mein Gesicht«, sagt sie und zapft ein Bier. Sie steht hinter dem Tresen einer kleinen, schnuckeligen Kneipe, und ich weiß zunächst nicht, was sie damit meint. Sie läuft mit dem gezapften Pils an einen Tisch und macht einen Strich auf den Bierdeckel.

»Zum Wohl«, sagt sie.

Jetzt sehe ich sie in Gänze. Sie ist eine groß gewachsene, etwas korpulente junge Dame Anfang, Mitte 20. Kräftige Arme, gut gebaute Hüften, ein kleines Bäuchlein und stramme Schenkel. Ein echtes Rubensmädchen. Ich bin begeistert. Ehrlich.

Sie kommt an meinen Tisch.

»Was magst du trinken?«, fragt sie.

Ich mag ihre Stimme, die von einer angenehmen Sanftheit ist, ohne piepsig zu sein.

Ihre Augen leuchten, rollen hin und her. Sie hat Aura.

Die Art und Weise, wie sie mit den Gästen umgeht, imponiert mir.

Freundlich, höflich, zuvorkommend, einfach gut.

Ich schaue sie an. Mein Blick soll ihr einfach sagen, dass da mehr an Liebenswertem ist als das Gesicht. Sie schaut zurück, schenkt mir ein Lächeln. Klappt doch. Die Kneipentüre geht auf, und die schlanken jungen Damen, die manchmal glauben, alle Blicke auf sich ziehen, alle abbekommen zu müssen, betreten die Kneipe. Ich falle nicht darauf herein. Ich gebe meine Aufmerksamkeit weiterhin schön dem Rubensmädchen, weil ich sie einfach große Klasse finde. Ich sehe, dass es ihr gefällt.

Ein älterer Herr, Stammgast in der Kneipe, bemängelt ihre neue Haarfarbe. Mir gefällt das Schwarz. Steht ihr gut. Im Gespräch mit ihm geht es auch um das Sternzeichen. Ich erfahre, dass sie Waage ist. Ein ausgleichendes Wesen nennt sie ihr eigen. Das ist schön und passt zu ihr.

»Jetzt wird's eng«, sagt ein Mann, als er an einer nicht sonderlich breiten Stelle der Kneipe an ihr vorbeilaufen will. Er spielt auf ihre Körperfülle an. Ich frage mich, wie oft das andere Männer, die nicht wirklich lieben können, die bei Frauen auf oberflächliche Äusserlichkeiten und sexuelle Verwertbarkeit abfahren, mit viel derberen Sprüchen getan haben, in denen Worte wie Panzer, Tonne oder Sau enthalten waren.

Das hat sie nicht verdient. Sie hat Liebe verdient.

Als sie mir ein weiteres Getränk an den Tisch bringt, kommt sie mir näher. Sie riecht gut, hat ein tolles Parfüm aufgetragen, und es kommt mir plötzlich in den Sinn, dass unter ihrem großen Busen ein gutes Herz schlägt. Sie setzt sich auf einen Hocker, direkt in meinem Blickwinkel. Sie öffnet ein bisschen den Schritt. Ich bin Feuer und Flamme von ihrer Gesamterscheinung. Ich mag an ihrem schönen Busch, der unter ihrer schwarzen Stoffhose und einem weiteren, hoffentlich durchsichtigen Höschen lockt, zum Tiger werden. Sie schenkt mir weitere verführerische Blicke. Direkt, frontal, face to face und von der Seite. Ihr Gesicht ist wirklich schön.

Alles andere gefällt mir auch. Jedes Pfund ist an der richtigen Stelle. Wegen mir müsste sie nicht abnehmen. Bestimmt nicht. Vielleicht könnte sie durch meine Liebe lernen, sich noch mehr anzunehmen, sich selbst zu lieben, so wie sie ist.

Sie schenkt mir noch einen lieben Blick. Ich glaube, ich könnte mich richtig in sie verknallen. Ein bisschen verliebt bin ich jetzt schon.

AUF WIEDERSEHEN,
SCHÖNE FRAU

Man trifft sich im Leben immer zweimal. Mindestens. Vor zwei Wochen sehe ich dich zum ersten Mal. Du sitzt in einem Restaurant mit lauter männlichen Kollegen an einem Tisch und isst eines der drei Mittagsmenüs, Käsespätzle mit Salat. Da die Männer alle Anzüge und Krawatten am Hemdkragen tragen und du auch eine schöne, schwarze Hose und eine schicke Bluse trägst, ordne ich dich beruflich einem Büro zu. Bank-, Versicherungs- oder Industriekauffrau. Rechtsanwaltsgehilfin nicht ausgeschlossen.

Ich schaue gleich zu dir rüber. Die langen, dunkelblonden Haare, das hübsche Gesicht, die kräftigen Oberarme, die schönen großen Argumente in deiner Bluse, die in ihrer erotischen Prallheit die Knöpfe zu sprengen drohen, und dein fülliger Körper haben es mir angetan.

Ich mag das, wenn Frauen keine Hungerhaken sind. Du gefällst mir auf Anhieb sehr gut. Obwohl mehrere Frauen im Restaurant sind, du bist die Königin am Mittagstisch. An deiner Gestik und Mimik sehe ich, dass du jene introvertierte Sympathie ausstrahlst, die ich schon immer gut finde. Gerne würde ich von dir ein Foto schießen.

Nach dem Essen schaust du auf die Uhr, die Mittagspause ist um, du stehst auf, ziehst deine Jacke an, machst deine langen Haare mit beiden Händen zurecht, schenkst mir einen Blick und gehst mit deinen Kollegen.

Ich schaue dir nach, so lange es geht, und dein runder praller Po in diesem schwarzen Stoffhöschen gibt mir den Rest. Auf Wiedersehen, schöne Frau.

Ab und zu denke ich in langen Singlenächten, vor dem Einschlafen, sehr intensiv an dich, und wünsche mir, dich wiederzusehen. Die gute Fee erfüllt mir diesen dringlichen Wunsch, diese Herzensangelegenheit. Beim Mittagessen in einem anderen Restaurant sehe ich dich wieder. Du sitzt dieses Mal mit deinen Kolleginnen am Tisch und isst Penne. Ich freue mich, dich wiederzusehen.

Deine Kolleginnen sind alle schlank, doch ich habe nur Augen für dich. Du hast Aura. Ich sehe, wie mein Blick dir schmeichelt. Ich mag dein Lächeln, wie du sprichst, wie du isst, alles an dir. Ich bin total in dich verliebt. Deine Brüste unter dem engen Strickpulli sind wie immer lecker, und ich bin mir sicher, dass unter der linken ein gutes Herz beheimatet ist, vielleicht für mich schlägt.

Heute muss ich früher gehen. Auch ich muss meinen Tätigkeiten nachgehen. Auf Wiedersehen, schöne Frau. Aller guten Dinge sind drei …

DANK

Ich möchte mich bei den Buchdruckern bedanken. Ohne sie würden die Worte eines Autoren keinen Satz bekommen.

WEITERE BÜCHER VON GERD EGELHOF BEI BOD:

Die besten Filme und Schauspieler aller Zeiten, Sachbuch, 168 S., 2001

Liebe ohne Ende, Gedichte, 108 S., 2006

Festtage des Lebens, Gedichte, 88 S., 2006

Reinigendes Gewitter, Kurzprosa, 84 S., 2006

Licht am Ende des Tunnels, Kurzprosa, 72 S., 2007

Frech serviert, Kurzprosa, 92 S., 2007

Leuchtende Sterne, Gedichte, 216 S., 2007

Warm oder kalt? Warm!, Gedichte, 100 S., 2008